D1500537

Le grand livre
des
SALADES
et des légumes
en salade

COLLECTION LE JARDIN NATUREL

Dans la même collection:

Le grand livre des confitures, La Mère Michel, 1996
Le grand livre des fines herbes, La Mère Michel, 1987
Le grand livre des marinades, La Mère Michel, 1989
Le jardin naturel, La Mère Michel, 1990
Le jardin de fleurs, La Mère Michel, 1991
Les meilleures recettes de la Mère Michel, 1996
La cuisine végétarienne pour gourmets, 1996
La cuisine d'Aphrodite, La Mère Michel, 1996

Claire Marécat

Le grand livre des SALADES et des légumes en salade

Guy Saint-Jean
ÉDITEUR

Données de catalogage avant publication (Canada)

Marécat, Claire

Le grand livre des salades et des légumes en salade

Comprend un index.

Publié antérieurement sous le titre : Les légumes en salade. [Montréal]: Intrinsèque, tirage de 1978.

ISBN 2-89455-032-4

1. Salades. 2. Cuisine (Légumes). 3. Phytothérapie. I. Titre. II. Titre: Les légumes en salades.

TX807.M37 1997   641.8'3   C97-940543-2

Photographies de la page couverture: © Louis Prud'homme 1997
Conception graphique: Christiane Séguin
Révision: Isabelle Allard

Dépôt légal 2e trimestre 1997
Bibliothèques nationales du Québec et du Canada
ISBN 2-89455-032-4

DISTRIBUTION ET DIFFUSION

AMÉRIQUE
Diffusion Prologue Inc.
1650, boul. Lionel-Bertrand
Boisbriand (Québec)
Canada J7H 1N7
(514) 434-0306

SUISSE
Transat s.a.
Rte des Jeunes, 4 ter
Case postale 125
1211 Genève 26
Suisse
342.77.40

BELGIQUE
Diffusion Vander s.a.
321 Avenue des Volontaires
B-1150 Bruxelles
Belgique
(2) 762.98.04

FRANCE (Distribution)
Distique S.A.
rue Maréchal Leclerc
28600 Luisant
France
(02) 37.30.57.00.

(Diffusion)
C.E.D. Diffusion
73, Quai Auguste Deshaies
94854 Ivry/Seine
France
(01) 46.58.38.40.

GUY SAINT-JEAN ÉDITEUR INC.
674, Place Publique, bureau 200B
Laval (Québec) Canada H7X 1G1
(514) 689-6402

GUY SAINT-JEAN ÉDITEUR (FRANCE)
5, Avenue du Maréchal Juin
92100 Boulogne, France
(01) 41.22.05.29

Imprimé et relié au Canada

Avant-propos

Une alimentation saine et ordonnée, c'est une passerelle entre le monde intérieur et la vie de tous les jours. Le fait de s'alimenter sainement peut nous conduire au bout de nous-mêmes, par le biais de la décongestion psychologique et physique, de la libération de notre être et de l'épanouissement de nos forces.

En effet, les efforts que nous sommes en mesure de fournir, tout comme notre volonté, notre tonus et notre rendement, sont proportionnels à la pureté et à la concentration énergétique des aliments que nous consommons. En outre, ceux-ci doivent être bien mastiqués, déglutis, digérés, absorbés, utilisés, éliminés.

Pour atteindre cet épanouissement, il est bien sûr tout aussi important d'avoir un régime de vie sain et équilibré, favorisant la respiration et le sommeil, privilégiant des heures de repas régulières et faisant une large place à la gymnastique et à la détente.

C.M.

NOTE DE L'AUTEUR

La chlorophylle, que l'on retrouve dans les parties vertes des plantes, est un tonique du système cardio-neuro-musculaire et un élixir de jouvence grâce à son pouvoir oxygénant. Son action stimulante favorise les échanges azotés du tissu cellulaire et entraîne une meilleure utilisation des albumines.

Recommandée aux personnes qui veulent maigrir, la chlorophylle est aussi un puissant diurétique qui combat les intoxications médicamenteuses. Elle rétablit l'activité de la glande thyroïde, active la circulation sanguine, abaisse le taux de cholestérol et le besoin d'insuline, stimule les globules rouges et élimine les mauvaises odeurs corporelles comme celle de la transpiration. Elle permet en outre la synthèse de la vitamine D.

Sa richesse en fer, en cuivre, en magnésium et en vitamine K favorisent la coagulation du sang et renouvellent l'énergie du muscle cardiaque. En conclusion, la chlorophylle, c'est du soleil à la portée de tous et un gage de bien-être durable.

TABLE DES MATIÈRES

Artichauts farcis 13
Cœurs d'artichauts à la crème mayonnaise 14
Cœurs d'artichauts piquants 15
Asperges à la crème aigremoine 16

Avocats farcis au crabe 17
Betteraves au basilic sucré 18
Betteraves farcies aux oignons 19
Betteraves rondes marinées 20

Brocoli à la crème 21
Carottes aux échalotes 22

Céleri à la crème paprika .23
Céleri farci au fromage à la crème 24
Pieds de céleri farcis au jambon 25

Céleri-rave à la menthe 26

Champignons aux fines herbes 27
Champignons des quatre-voleurs 28

Chou, carottes et raifort râpés au vinaigre 29
Chou rouge aux pommes .30
Chou vert à l'aneth 31
Chou vert et céleri au cumin 32
Chou-fleur à la crème 33
Chou-fleur et brocoli au fenouil 34
Chou-rave à la crème cari .35
Choux de Bruxelles à la crème 36

Concombres à la crème sure 37
Concombres à la moutarde 38

Concombres farcis aux jaunes d'œufs 39
Cornichons aigres-doux 40

Spaghetti de courge à la coriandre 41
Courgettes aux épices à la crème fraîche 42

Endives farcies au poulet en crème 43

Fenouil à la ciboule .44

Haricots coupés à la crème sarriette 45
Haricots verts au vinaigre 46

Navet à l'hysope 47

Petits oignons doux amers 48

Patates sucrées à la crème vinaigrette 49

Piments et concombres mélangés 50
Piments, poivrons et céleri mélangés 52

Poireaux à la crème 53
Poireaux confits à la moutarde 54

Poivrons farcis au poisson 55

Radis à la crème bleue .56
Radis au carvi 57
Radis au fromage fondu à l'ail 58

Rhubarbe en bâtons 59

Salsifis à la crème mélilot 60

Tomates au persil 61
Tomates farcies au saumon 62
Tomates naines farcies aux anchois 63

Salade aux amandes 64

Salade d'avocat aux châtaignes 65

Salade aux petites betteraves 66

Salade de bettes 68
Salade de bettes et de chou-rave 69

Salade de chicorée 70
Salade de chicorée et de laitue frisée 71
Salade de chicorée et d'oseille 72

Salade de chicorée scarole 73

Salade de chou marin 74
Salade aux choux de Bruxelles 75

Salade de cresson 76
Salade de cresson, persil et chicorée 77

Salade d'endives 78

Salade d'épinards 79
Salade d'épinards et d'endives 80
Salade d'épinards et d'oseille 81

Salade d'eucalyptus et de noix de Grenoble 82

Salade aux herbes 83

Salade de laitue chinoise 84
Salade de laitue frisée 85
Salade de laitue pommée 86

Salade de menthe 87

Salade aux noisettes 88
Salade aux noix d'acajou 89
Salade aux noix du Brésil 90
Salade aux noix de Grenoble .91

Salade aux oignons doux 92

Salade aux olives noires 94

Salade d'oseille 96

Salade aux pacanes 97

Salade de persil sauvage 98

Salade de pissenlits 99
Salade de pissenlits et de carottes 100
Salade de pissenlits et de laitue 101

Salade aux pommes de terre nouvelles 102

Salade aux pistaches 104

Salade de feuilles de rave .105

Salade de soucis 106

Salade aux petites tomates rouges 107

Annexe : Savoir apprêter des entrées croustillantes 109
  L'aspic 109
  Les bonnets de légumes 109
  Les crudités-cocktail 110
  Les dames-reines 110
  Les eaux-rives 110
  Les gelées-filtres 111
  Les gras-garais 111
  Les hybrides 111
  Les îlots 112
  Les juteux 112
  Les kaléidoscopes 112
  Les légumes-village 113
Index 115

Légume farci
ARTICHAUTS FARCIS
4 PORTIONS

4 petits artichauts crus ou cuits

FARCE AU MALAXEUR
1 boîte de 395 g (14 oz) de cœurs d'artichauts
125 ml (1/2 tasse) de crème épaisse
5 ml (1 c. à thé) de câpres
5 ml (1 c. à thé) de sel marin
1 filet de jus de citron
1 pincée de poivre rouge
1 pincée de poivre noir

À l'aide d'un ciseau, couper les extrémités piquantes des artichauts et les tiges.

Ouvrir les artichauts et les creuser à l'aide d'une cuillère pour enlever le foin.

Remplir chaque artichaut de farce.

Présentation : accompagner chaque entrée d'une fleur d'arnica et déposer les plats sur des napperons de dentelle de papier.

☛ *La fleur d'arnica est une plante qui fait éternuer, une sorte de tabac des montagnes. Sa teinture est vulnéraire et utilisée en compresses pour tous les genres de blessures et d'infections externes. À cela s'ajoutent les merveilleux bienfaits de la crème à l'arnica pour l'entretien des mains.*

Légume à la crème
CŒURS D'ARTICHAUTS À LA CRÈME MAYONNAISE
2 À 4 PORTIONS

8 cœurs d'artichauts coupés en moitiés ou
une boîte de 395 g (14 oz)

60 ml (1/4 de tasse) de crème sure

30 ml (1/8 de tasse) de crème à 35 %

60 ml (1/4 de tasse) de persil frais, haché

1 jaune d'œuf

45 ml (3 c. à soupe) d'huile à salade

5 ml (1 c. à thé) de jus de citron

2,5 ml (1/2 c. à thé) de sel marin

1,25 ml (1/4 c. à thé) de moutarde de Dijon

Quelques gouttes de sauce Tabasco

Quelques gouttes d'Angostura

1 pincée de poivre

(Quelques gouttes d'extrait de pervenche)

Dans un bol de verre ou d'acier inoxydable, battre à la fourchette le jaune d'œuf et l'huile, puis ajouter la moutarde, le sel, le poivre, le jus de citron, le Tabasco et l'Angostura.

Ajouter la crème sure, la crème à 35 % et le persil, et continuer de battre.

Quand la crème est bien lisse, ajouter les artichauts (cuits à l'étuvée, dans une marguerite et casserole avec couvercle, pendant 25 minutes).

☛ *La pervenche est une plante qui contient des alcaloïdes ayant la propriété de diminuer les globules blancs en superflus. Elle agit comme l'insuline pour les diabétiques et combat la somnolence après les repas.*

Légume en pot
Cœurs d'artichauts piquants

6 cœurs d'artichauts frais, coupés au ras des feuilles
avec la tige raccourcie

425 ml (1 3/4 tasse) d'eau bouillante salée

85 ml (1/3 de tasse) de vinaigre de vin blanc

15 ml (1 c. à soupe) de graines de pavot

5 ml (1 c. à thé) de sauce Tabasco

2,5 ml (1/2 c. à thé) de poudre Chili

1 morceau d'écorce de citron

Utiliser des bocaux de 685 ml (24 oz) en pyrex ou d'autres sortes de bocaux et multiplier autant de fois la recette. Stériliser les bocaux en les plaçant debout dans une marmite d'eau bouillante à chaleur entretenue pendant 1 heure.

Blanchir les cœurs d'artichauts dans de l'eau bouillante salée avec couvercle fermé pendant 10 minutes.

Déposer les légumes égouttés dans les bocaux refroidis.

Ajouter l'eau bouillante salée, le vinaigre, l'écorce de citron et les autres ingrédients mélangés, en ne dépassant pas 6 mm (1/4 de pouce) du bord du bocal.

Sceller le bocal pour ne pas laisser échapper l'air.

☛ *Les graines de pavot donnent l'huile d'œillette et les feuilles de l'opium. Les capsules, qui contiennent les graines en infusion, sont légèrement sédatives et narcotiques.*

Légume à la crème

ASPERGES À LA CRÈME AIGREMOINE

2 À 4 PORTIONS

500 ml (2 tasses) d'asperges cuites coupées
60 ml (1/4 de tasse) de crème à 35 %
2,5 ml (1/2 c. à thé) de sel marin
1 pincée de poivre
5 ml (1 c. à thé) d'aigremoine
15 ml (1 c. à soupe) de vinaigre de vin

Dans un bol de verre ou d'acier inoxydable, battre à la fourchette l'aigremoine et le vinaigre pour en libérer le sucre. Filtrer.

Dans le même bol, ajouter la crème et le sel, et continuer de battre à la fourchette.

Quand la crème est bien lisse, ajouter le poivre et les asperges (cuites à l'étuvée, dans une marguerite et casserole avec couvercle, durant 40 minutes).

☛ *L'aigremoine odorante, dont l'infusion rose d'un goût agréable lui a valu le nom de thé des bois, est efficace pour les maladies chroniques du foie, l'insuffisance et la lithiase biliaire, et la jaunisse. Conseillée à la fin du repas, elle aide à lutter contre la paresse intestinale. En gargarismes, elle calme les irritations de la gorge.*

16

Légume farci
Avocats farcis au crabe
4 PORTIONS

2 avocats mûrs, coupés en deux

60 ml (4 c. à soupe) de jus de citron

FARCE

150 à 170 g (5 à 6 oz) de crabe cuit, émietté

90 ml (6 c. à soupe) de yogourt nature

30 ml (2 c. à soupe) de purée de tomates

2,5 ml (1/2 c. à thé) de sel marin

0,5 ml (1/8 c. à thé) de curcuma

1 bonne pincée de clou de girofle

1 bonne pincée de poivre de cayenne

Jeter les noyaux des avocats et faire des incisions dans la chair à l'aide d'un couteau pour faire pénétrer le jus de citron.

À l'aide d'une fourchette, écraser le crabe (à défaut de crabe, remplacer par de la chair de crevette ou de pétoncles) dans un bol avec les autres ingrédients.

Remplir les moitiés d'avocats de farce.

Présentation : déposer les plats sur des napperons de dentelle de papier et accompagner d'olives noires.

☛ *Le curcuma provient de la racine d'une plante appelée safran des Indes. Celle-ci contient une fécule aromatique comestible colorante et entre dans la composition du cari.*

Légume haché en salade
Betteraves au basilic sucré

1 litre (4 tasses) de betteraves tendres, crues et râpées
(pelées comme des pommes de terre)

185 ml (3/4 de tasse) de feuilles de basilic sucré,
hachées finement

125 ml (1/2 tasse) de persil frais, haché

60 ml (4 c. à soupe) d'huile de soya (ou autre)

35 ml (7 c. à thé) de vinaigre de vin

5 ml (1 c. à thé) de sauce Worcestershire

6 ml (1 1/4 c. à thé) de sel marin

5 ml (1 c. à thé) d'assaisonnement d'herbes mélangées

3,75 ml (3/4 c. à thé) de sucre brut

Faire la vinaigrette dans un bol de bois, puis ajouter les betteraves, le basilic et le persil en les mélangeant avec les mains.

Suggestion de menu : servir une portion de betteraves au basilic sucré avec du salami, du poisson fumé ou des anchois, ainsi qu'un légume en pot (piment rouge ou concombres marinés) et des œufs durs, tranchés ou farcis.

Usages thérapeutiques : tous les légumes et l'huile servent à combattre l'anémie et la fatigue nerveuse et cérébrale.

☛ *Le basilic sucré, autrefois une plante sacrée, est antispasmodique. En infusion, il agit contre la fatigue cérébrale et l'anxiété. Les enrhumés chroniques peuvent retrouver une partie de leur odorat en respirant les feuilles pulvérisées de basilic sucré. Autres plantes efficaces contre la faiblesse, l'apathie et l'angoisse : armoise commune, aubépine, aunée, benoîte, chou, cresson, gentiane, ortie, raifort, sauge, thym.*

Légume farci
Betteraves farcies aux oignons
4 portions

4 betteraves tendres, épluchées

Farce au malaxeur

125 ml (1/2 tasse) d'oignon haché

125 ml (1/2 tasse) de restes de viande

30 ml (2 c. à soupe) de vinaigrette ordinaire

30 ml (2 c. à soupe) de crème épaisse

15 ml (1 c. à soupe) d'eau bouillante

2,5 ml (1/2 c. à thé) d'estragon

0,5 ml (1/8 c. à thé) de sel marin

1 pincée de poivre

Couper une tranche sur le dessus des betteraves et creuser sur une bonne largeur à l'aide d'une cuillère à pamplemousse.

Remplir chaque betterave de farce.

Ajouter de l'oignon haché au besoin pour obtenir une farce plus épaisse.

Présentation : accompagner de feuilles de cresson et de petits oignons blancs.

☛ *L'estragon est une sorte d'armoise.*
C'est une plante tonifiante pour les rhumatisants et ceux qui ont perdu l'appétit.

Légume en pot
Betteraves rondes marinées

8 à 10 petites betteraves rondes avec un peu de tige

250 ml (1 tasse) d'eau bouillante salée

85 ml (1/3 de tasse) de vinaigre de malt

85 ml (1/3 de tasse) de feuilles de baume

85 ml (1/3 de tasse) de sucre brut

1 pincée d'estragon

Utiliser des bocaux de 685 ml (24 oz) en pyrex ou d'autres sortes de bocaux et multiplier autant de fois la recette. Stériliser les bocaux en les plaçant debout dans une marmite d'eau bouillante à chaleur entretenue pendant 1 heure.

Blanchir les betteraves dans de l'eau bouillante salée avec couvercle fermé pendant 10 minutes.

Déposer les légumes entiers, épluchés à l'eau froide et égouttés dans les bocaux refroidis.

Ajouter l'eau bouillante salée, le vinaigre et les autres ingrédients mélangés, en ne dépassant pas 6 mm (1/4 de pouce) du bord du bocal.

Sceller le bocal pour ne pas laisser échapper l'air.

☛ *Le baume qui envahit nos jardins est une sorte*
de menthe très odorante. Autrefois, on le macérait
dans l'huile d'olive au soleil pendant un mois,
puis on s'en servait pour guérir des plaies atones.
C'est aussi une résine d'arbre résolutive.
Les baumes sont des composés de plantes
contre l'inflammation et la douleur.

Légume à la crème

BROCOLI À LA CRÈME
2 À 6 PORTIONS

750 ml (3 tasses) de brocoli cuit, défait en bouquets

85 ml (1/3 de tasse) d'eau chaude

45 ml (3 c. à soupe) de crème à 35 %

7,5 ml (1 1/2 c. à thé) de jus de citron

5 ml (1 c. à thé) de sucre brut

2 gousses d'ail broyées ou 2,5 ml (1/2 c. à thé) de jus d'ail

15 ml (1 c. à soupe) de ciboulette hachée

1,25 ml (1/4 c. à thé) de moutarde en poudre

3,75 ml (3/4 c. à thé) de sel marin

1 pincée de poivre

5 ml (1 c. à thé) de tiges de lierre tendres hachées

10 ml (2 c. à thé) de gélatine en poudre

15 ml (1 c. à soupe) d'eau froide

Faire gonfler la gélatine dans l'eau froide.

Dans un bol de verre ou d'acier inoxydable, battre à la fourchette tous les autres ingrédients, sauf le brocoli.

Ajouter la gélatine et continuer de battre.

Quand la crème est bien lisse, ajouter le brocoli (cuit à l'étuvée, dans une marguerite et casserole avec couvercle, durant 30 minutes).

☛ *Le lierre terrestre bouilli une demi-heure et*
mis en compresses fait désenfler les chevilles.
Il soulage les rhumatismes et fait fondre la cellulite.
En teinture, il exerce une action bienfaisante
dans les cas de coqueluche et de toux.

Légume haché en salade
CAROTTES AUX ÉCHALOTES

1 litre (4 tasses) de carottes râpées, bien tassées

375 ml (1 1/2 tasse) d'échalotes hachées ou
5 grosses échalotes, avec la partie verte

125 ml (1/2 tasse) de persil frais, haché

60 ml (4 c. à soupe) d'huile de germe de blé (ou autre)

45 ml (3 c. à soupe) de vinaigre de cidre de pomme

30 ml (2 c. à soupe) d'eau froide

15 ml (1 c. à soupe) de pâte de tomates
ou de ketchup rouge

5 ml (1 c. à thé) de sel marin

Faire la vinaigrette dans un bol de bois et ajouter le reste des ingrédients en les mélangeant avec les mains.

Suggestion de menu : servir, sur des feuilles de laitue chinoise, une portion de carottes aux échalotes avec du maquereau au vin blanc, du poisson à la crème ou des filets de sardines, ainsi qu'un légume en pot (cornichons ou champignons), des cœurs de céleri frais et des tranches de concombre et de tomate.

Usages thérapeutiques : tous les légumes et l'huile servent au bon fonctionnement du cœur, du foie et des intestins.

☛ *L'échalote est une espèce d'ail qui fut importée d'Orient lors des croisades. Elle est stimulante et sa teinture a la propriété d'abaisser momentanément la tension artérielle.*

Légume à la crème

CÉLERI À LA CRÈME PAPRIKA

2 À 4 PORTIONS

500 ml (2 tasses) de céleri cuit, tranché

60 ml (1/4 de tasse) de fromage cottage nature

60 ml (1/4 de tasse) de mayonnaise

0,5 ml (1/8 c. à thé) de paprika

15 ml (1 c. à soupe) d'oignon finement haché

2,5 ml (1/2 c. à thé) de sel marin

Dans un bol de verre ou d'acier inoxydable, battre à la fourchette tous les ingrédients, sauf le céleri.

Quand la crème est bien lisse, ajouter le céleri (cuit à l'étuvée, dans une marguerite et casserole avec couvercle, durant 5 minutes).

Présentation : décorer avec des petites tomates découpées en fleurs.

☞ *Le paprika est une variété de piment doux de la Hongrie. Il est riche en vitamine C.*

Légume farci
CÉLERI FARCI AU FROMAGE À LA CRÈME

15 bâtonnets de céleri de 12 cm (5 pouces)

FARCE
225 g (8 oz) de fromage à la crème

115 g (4 oz) de noix de Grenoble hachées

30 ml (2 c. à soupe) de lait

1 pincée de poudre de mangue

Bien laver le céleri et le faire égoutter.

À l'aide d'une fourchette, écraser le fromage avec le lait et les noix.

Remplir chaque bâtonnet de farce et saupoudrer de poudre de mangue.

Pour varier, saupoudrer les bâtonnets de céleri de différents sels de fruits et de légumes.

Présentation : disposer les bâtonnets sur une grande feuille de papier d'aluminium en décorant avec du persil et des feuilles de céleri.

☛ *La mangue est le fruit du manguier des Indes et l'un des composants du chutney, condiment épicé et mariné qui comprend également des raisins secs, du gingembre, de la malguette, de l'ail, de la moutarde, du piment et du vinaigre.*

Légume farci

Pieds de céleri farcis au jambon

4 PORTIONS

4 pieds de céleri bien lavés et égouttés

FARCE

375 ml (1 1/2 tasse) de jambon cuit, émietté

500 ml (2 tasses) de pommes de terre, cuites à l'eau

30 ml (2 c. à soupe) de beurre végétal salé

5 ml (1 c. à thé) de poudre de galanga ou
de sel de légume au choix

2,5 ml (1/2 c. à thé) de sel marin

1 boîte de crème sure

Trancher les céleris à la hauteur de 7,5 cm (3 pouces).

Couper la partie dure sous le pied à l'horizontale.

Enlever les branches de l'intérieur, creuser dans le cœur du céleri comme pour imiter un tronc d'arbre creux.

Mélanger le jambon avec les autres ingrédients à l'aide d'une fourchette.

Remplir chaque pied de céleri de farce.

Couvrir de crème sure.

Présentation : disposer sur des feuilles d'oseille ou de laitue frisée et décorer avec une olive noire.

☞ *Le galanga, nom arabe de la plante,*
est le petit galanga ou galanga officinal dont
les rhizomes ou racines contiennent
un principe actif connu.

Légume haché en salade
CÉLERI-RAVE À LA MENTHE

1 litre (4 tasses) de céleri-rave râpé
(pelé comme une pomme de terre)

250 ml (1 tasse) de feuilles de menthe poivrée, hachées

60 ml (1/4 de tasse) de persil frais, haché

60 ml (4 c. à soupe) d'huile d'amande (ou autre)

30 ml (2 c. à soupe) de vinaigre de malt

15 ml (1 c. à soupe) d'eau froide

5 ml (1 c. à thé) de sel marin

Faire la vinaigrette dans un bol de bois et ajouter tous les autres ingrédients en les mélangeant avec les mains.

Suggestion de menu : servir, sur des feuilles de laitue frisée (en saison), une portion de céleri-rave à la menthe avec du veau froid ou du jambon pressé, ainsi qu'un légume en pot, des cœurs de palmier en conserve et des asperges cuites (nature ou en conserve).

Usages thérapeutiques : tous les légumes et l'huile servent à fortifier l'estomac, les intestins et la gorge.

☛ *La menthe poivrée, comme toutes les menthes,
a des usages multiples connus partout dans le monde :
infusions, pastilles, essence, revitalisant pour
les cheveux, etc. Elle est antiseptique, stimulante et
analgésique. Elle est utile pour traiter les migraines,
les crampes, les vertiges, les tremblements nerveux,
les vomissements, la toux spasmodique. Elle aide
à combattre les lourdeurs, l'insuffisance hépatique
et les fermentations. Son suc frais est bénéfique
contre les taches de rousseur.
L'infusion sucrée est idéale après un bon repas.*

Légume haché en salade
Champignons aux fines herbes

750 ml (3 tasses) de champignons tranchés

250 ml (1 tasse) de persil frais haché et de luzerne

6 échalotes hachées finement

45 ml (3 c. à soupe) d'huile de maïs (ou autre)

30 ml (2 c. à soupe) de vinaigre de vin

2,5 ml (1/2 c. à thé) de sel marin

Faire la vinaigrette dans un bol de bois et ajouter tous les autres ingrédients en les mélangeant avec les mains.

Suggestion de menu : servir, sur des feuilles de laitue pommée, une portion de champignons aux fines herbes avec du pâté au cognac ou du pâté aux fines herbes de Provence, ainsi que des bâtonnets au fromage, un légume en pot, du chou vert, du céleri tranché, du poivron rouge ou des haricots.

Usages thérapeutiques : tous les légumes et l'huile servent à tonifier l'organisme dans les cas de carence et d'avitaminose.

☛ *La luzerne ou alfafa couvre les champs et nourrit les animaux. La luzerne cultivée, très riche en minéraux, agit sur le foie et le système nerveux, et combat l'acidité.*

Légume en pot
Champignons des quatre-voleurs

570 g (1 1/4 lb) de champignons entiers
250 ml (1 tasse) d'eau bouillante salée
85 ml (1/3 de tasse) de vinaigre de cidre de pomme
1,25 ml (1/4 c. à thé) de cardamome
1,25 ml (1/4 c. à thé) de romarin
1,25 ml (1/4 c. à thé) de thym
0,5 ml (1/8 c. à thé) de sauge

Utiliser des bocaux de 685 ml (24 oz) en pyrex ou d'autres sortes de bocaux et multiplier autant de fois la recette. Stériliser les bocaux en les plaçant debout dans une marmite d'eau bouillante à chaleur entretenue pendant 20 minutes.

Blanchir les champignons dans de l'eau bouillante salée avec une écorce de citron (couvercle fermé) durant 8 minutes.

Déposer les légumes entiers et égouttés, dans les bocaux refroidis.

Ajouter le reste des ingrédients en ne dépassant pas 6 mm (1/4 de pouce) du bord du bocal.

Sceller le bocal pour ne pas laisser échapper l'air.

☛ *La cardamome est une plante dont le rhizome*
contient une fécule semblable à la marante.
Ses graines aromatiques sont utilisées en parfumerie,
en distillerie et en cuisine.

Légume en pot

CHOU, CAROTTES ET RAIFORT RÂPÉS AU VINAIGRE

420 ml (1 2/3 tasse) de chou râpé

420 ml (1 2/3 tasse) de carottes râpées

335 ml (1 1/3 tasse) de raifort râpé

185 ml (3/4 de tasse) d'eau bouillante

60 ml (1/4 de tasse) de vinaigre de malt

125 ml (1/2 tasse) de sucre brut

10 ml (2 c. à thé) de sel marin

1 feuille de bardane majeure pliée en cornet ou
1 feuille verte aromatique

Utiliser des bocaux de 685 ml (24 oz) en pyrex ou d'autres sortes de bocaux et multiplier autant de fois la recette. Stériliser les bocaux en les plaçant debout dans une marmite d'eau bouillante à chaleur entretenue pendant 1 h 15 minutes.

Verser de l'eau bouillante sur les légumes dans un plat, laisser reposer 5 minutes, puis filtrer.

Déposer les légumes râpés et égouttés dans les bocaux refroidis.

Ajouter le reste des ingrédients en ne dépassant pas 6 mm (1/4 de pouce) du bord du bocal.

Sceller le bocal pour ne pas laisser échapper l'air.

☛ *L'action de la bardane majeure se compare à celle de la pénicilline. Sa racine est un antibiotique naturel qui détruit les staphylocoques et d'autres microbes. Sa pulpe fraîche est un topique pour les anthrax et les abcès; elle soulage l'eczéma, la séborrhée et l'acné, et calme les douleurs rhumatismales aux jointures. En infusion, elle est efficace contre l'intoxication, les troubles hépatiques et le diabète.*

Légume haché en salade

CHOU ROUGE AUX POMMES

1 litre (4 tasses) de chou rouge râpé, tassé

500 ml (2 tasses) de pommes en morceaux

250 ml (1 tasse) de persil frais, haché

60 ml (4 c. à soupe) d'huile d'olive (ou autre)

45 ml (3 c. à soupe) de vinaigre de vin rouge

45 ml (3 c. à soupe) d'eau froide

5 ml (1 c. à thé) de sel marin

2,5 ml (1/2 c. à thé) de moutarde préparée

Faire la vinaigrette dans un bol de bois et ajouter tous les autres ingrédients en les mélangeant avec les mains.

Suggestion de menu : servir, sur des feuilles de chou rouge, une portion de chou rouge aux pommes avec du pâté de lapin ou des sardines fumées, ainsi qu'un légume en pot (chou, carottes et raifort râpés ou bouquets de chou-fleur), des salsifis cuits, nature ou en boîte, et des olives noires et vertes.

Mâcher de la valériane avec le repas.

Usages thérapeutiques : tous les légumes et l'huile servent à guérir les ulcères d'estomac et d'autres inflammations légères.

☛ *La valériane officinale est une plante qui exerce une action toute spéciale sur le système cérébro-spinal. La racine fraîche en infusion est un antispasmodique très efficace contre les troubles nerveux, les états hystériques et neurasthéniques, ainsi que les migraines violentes, les douleurs articulaires et les convulsions infantiles. Elle a cependant une odeur forte et provoque de l'agitation et des éblouissements à fortes doses.*

Légume haché en salade

CHOU VERT À L'ANETH

1,25 litre (5 tasses) de chou vert râpé

185 ml (3/4 de tasse) d'aneth frais, haché

125 ml (1/2 tasse) de persil frais, haché

60 ml (4 c. à soupe) d'huile de sésame (ou autre)

45 ml (3 c. à soupe) de vinaigre de cidre de pomme

45 ml (3 c. à soupe) d'eau froide

10 ml (2 c. à thé) de sucre brut

5 ml (1 c. à thé) de sel marin

Faire la vinaigrette dans un bol de bois et ajouter tous les autres ingrédients en les mélangeant avec les mains.

Suggestion de menu : servir, sur des feuilles de laitue de Boston, une portion de chou vert à l'aneth avec des viandes froides en tranches, volaille ou jambon, ainsi qu'un légume en pot (oignons blancs, betteraves rondes, bâtonnets de rhubarbe), des tranches de concombre et des tomates du potager.

Usages thérapeutiques : tous les légumes et l'huile sont un tonique pour le foie, le sang et les nerfs.

☛ *Tout comme l'anis vert, le carvi, le cumin
et le fenouil, l'aneth a des vertus stimulantes,
stomachiques et carminatives, en particulier dans
l'atonie digestive, les flatuosités, le hoquet
et les vomissements nerveux.*

Légume en pot
CHOU VERT ET CÉLERI AU CUMIN

875 ml (3 1/2 tasses) de chou coupé en gros morceaux
500 ml (2 tasses) de céleri en fines tranches
250 ml (1 tasse) d'eau bouillante salée
15 ml (1 c. à soupe) de vinaigre de cidre de pomme
5 ml (1 c. à thé) de sucre brut
2,5 ml (1/2 c. à thé) de cumin
2,5 ml (1/2 c. à thé) de graines d'anis ou d'aneth
1,25 ml (1/4 c. à thé) de fenouil
1,25 ml (1/4 c. à thé) de carvi

Utiliser des bocaux de 685 ml (24 oz) en pyrex ou d'autres sortes de bocaux et multiplier autant de fois la recette. Stériliser les bocaux en les plaçant debout dans une marmite d'eau bouillante à chaleur entretenue pendant 50 minutes.

Blanchir les légumes dans de l'eau bouillante salée avec couvercle fermé pendant 10 minutes.

Déposer les légumes en morceaux et égouttés dans les bocaux refroidis.

Ajouter l'eau bouillante, le vinaigre et les autres ingrédients mélangés, en ne dépassant pas 6 mm (1/4 de pouce) du bord du bocal.

Sceller le bocal pour ne pas laisser échapper l'air.

☛ *Tout comme l'anis et le carvi, les fruits du cumin*
ont des vertus carminatives, excitantes et autres.
Il favorise la sécrétion lactée. En infusion,
le cumin a un goût aigre; c'est pourquoi
on mélange les trois.

Légume à la crème
CHOU-FLEUR À LA CRÈME
2 À 6 PORTIONS

750 ml (3 tasses) de chou-fleur cuit, défait en bouquets

60 ml (1/4 de tasse) de mayonnaise

30 ml (2 c. à soupe) de crème

30 ml (2 c. à soupe) de sauce Chili

15 ml (1 c. à soupe) d'oignon finement haché

15 ml (1 c. à soupe) de poivron coupé en dés

15 ml (1 c. à soupe) d'olives vertes hachées finement

1,25 ml (1/4 c. à thé) de sel marin

185 ml (3/4 de tasse) de petite oseille ou surette

Dans un bol de verre ou d'acier inoxydable, battre à la fourchette tous les ingrédients, à l'exception du chou-fleur et de l'oseille.

Quand la crème est bien lisse, ajouter le chou-fleur (cuit à l'étuvée, dans une marguerite et casserole avec couvercle pendant 20 minutes).

Ajouter en cercle les petites touffes d'oseille ou de surette.

☛ *La surette ou* oxalis sensitiva *est une plante qui a bien des noms : l'alléluia, l'herbe d'amour, le pain d'oiseau. C'est un trèfle à cinq feuilles, vert, acidulé et comestible.*

Légume en pot

CHOU-FLEUR ET BROCOLI AU FENOUIL

1,185 litre (4 3/4 tasses) de chou-fleur et de brocoli crus, séparés en bouquets

375 ml (1 1/2 tasse) d'eau bouillante salée

85 ml (1/3 de tasse) de fenouil coupé en morceaux à la tige ou 5 ml (1 c. à thé) de graines de fenouil

60 ml (1/4 de tasse) de vinaigre de cidre de pomme

30 ml (2 c. à soupe) de sucre brut

5 ml (1 c. à thé) de cerfeuil

1 bonne pincée de muscade

Utiliser des bocaux de 685 ml (24 oz) en pyrex ou d'autres sortes de bocaux et multiplier autant de fois la recette. Stériliser les bocaux en les plaçant debout dans une marmite d'eau bouillante à chaleur entretenue pendant 20 minutes.

Blanchir les légumes dans de l'eau bouillante salée avec couvercle fermé pendant 5 minutes.

Déposer les légumes en bouquets et égouttés dans les bocaux refroidis.

Ajouter l'eau bouillante salée, le vinaigre et les autres ingrédients mélangés, en ne dépassant pas 6 mm (1/4 de pouce) du bord du bocal.

Sceller le bocal pour ne pas laisser échapper l'air.

☞ *En infusion après les repas, les graines de fenouil sont efficaces contre l'aérophagie. En poudre, elles fortifient les gencives. Les racines de la plante sont diurétiques et ses feuilles ont un effet laxatif léger. Le fruit est utilisé pour son huile essentielle.*

Légume à la crème
Chou-rave à la crème cari
2 à 4 portions

500 ml (2 tasses) de chou-rave cru, épluché et râpé

60 ml (1/4 de tasse) de fromage cottage nature

60 ml (1/4 de tasse) de crème à 35 %

10 ml (2 c. à thé) de vinaigre de cidre de pomme

3,75 ml (3/4 c. à thé) de sel fumé

1,25 ml (1/4 c. à thé) de poudre de cari

5 ml (1 c. à thé) de gélatine en poudre

15 ml (1 c. à soupe) d'eau froide

Faire gonfler la gélatine dans l'eau froide.

Dans un bol de verre ou d'acier inoxydable, battre à la fourchette tous les autres ingrédients, sauf le chou-rave.

Ajouter la gélatine et continuer de battre.

Quand la crème est bien lisse, ajouter le chou-rave.

☛ *Le cari est un assaisonnement indien composé de poudre de piment, de coriandre, de curcuma, de gingembre, d'anis étoilé, de cumin, de poivre, de culèbe, de cardamome, de cannelle, de girofle et de muscade.*

Légume à la crème

CHOUX DE BRUXELLES À LA CRÈME

2 À 4 PORTIONS

500 ml (2 tasses) de choux de Bruxelles cuits

60 ml (1/4 de tasse) de crème sure

60 ml (1/4 de tasse) de mayonnaise

30 ml (2 c. à soupe) d'oignon finement haché

5 ml (1 c. à thé) de jus de citron

2,5 ml (1/2 c. à thé) de sel marin

5 ml (1 c. à thé) de reine-des-prés

15 ml (1 c. à soupe) de vinaigrette piquante

Dans un bol de verre ou d'acier inoxydable, battre à la fourchette la reine-des-prés avec la vinaigrette pour en libérer le suc, puis filtrer.

Dans le même bol, ajouter les autres ingrédients, sauf les choux de Bruxelles, et continuer de battre avec la fourchette.

Quand la crème est bien lisse, ajouter les choux de Bruxelles (cuits à l'étuvée, dans une marguerite et casserole avec couvercle, pendant 20 minutes).

Décorer avec de petits morceaux de noix.

☛ *La reine-des-prés est un diurétique puissant et un sudorifique. C'est une plante légèrement sédative et astringente. Ne pas la faire bouillir à cause des principes actifs qu'elle contient, comme l'aspirine. Elle est donc efficace contre la grippe annuelle, les rhumatismes aigus, les ascites, les œdèmes des membres, etc.*

Légume à la crème

CONCOMBRES À LA CRÈME SURE

2 À 5 PORTIONS

625 ml (2 1/2 tasses) de concombres pelés et tranchés

170 ml (2/3 de tasse) de crème sure

45 ml (3 c. à soupe) de ciboulette hachée

2,5 ml (1/2 c. à thé) de sel marin

1 pincée de muscade

(Quelques gouttes d'extrait de prèle)

Dans un bol de verre ou d'acier inoxydable, battre à la fourchette tous les ingrédients, sauf le concombre. Quand la crème est bien lisse, ajouter les concombres frais.

☞ *La prèle reminéralise les décalcifiés*
et les tuberculeux, et soude les fractures.
Elle combat l'artériosclérose et agit comme détersif
dans les affections de la vessie et des reins.
La plante calme les saignements de nez.

Légume en pot
Concombres à la moutarde

Concombres moyens et gros

1 litre (4 tasses) de vinaigre de vin

60 ml (1/4 de tasse) de moutarde en poudre

60 ml (1/4 de tasse) de sel marin

(concombres tranchés/petites tomates vertes)

Verser de l'eau bouillante sur les concombres dans un plat, laisser reposer 5 minutes puis filtrer.

Pour une grosse recette, utiliser un pot de grès et un gros coton pour couvrir.

Verser dans le pot les ingrédients bien mélangés et les légumes égouttés.

Avec une cuillère, pousser les légumes jusqu'au fond du pot pour qu'ils soient bien mouillés.

Laisser reposer tout l'automne à la cave.

☛ *Le concombre sauvage mariné est comestible.*
Le jus de concombre frais apaise la brûlure des
coups de soleil. Sur la peau du visage, il efface
momentanément les rides.

Légume farci

CONCOMBRES FARCIS AUX JAUNES D'ŒUFS

4 PORTIONS

2 concombres épluchés

FARCE

3 jaunes d'œufs

250 ml (1 tasse) de fromage cottage nature

125 ml (1/2 tasse) de yogourt nature, gras

0,5 ml (1/8 c. à thé) de sel marin

0,5 ml (1/8 c. à thé) de moutarde en poudre

1 pincée de cerfeuil séché en poudre

Couper les concombres en deux sur le sens de la longueur et gratter les noyaux, surtout les gros.

Écraser le fromage avec les autres ingrédients à l'aide d'une fourchette.

Remplir de farce les quatre moitiés de concombre et saupoudrer de cerfeuil.

Présentation : déposer sur des feuilles de laitue et entourer de quelques râpures de carotte.

☛ *Le cerfeuil ne doit pas être confondu avec les deux ciguës dangereuses. Il est utilisé comme condiment et comme plante dépurative printanière. Il est efficace contre les éruptions cutanées, la fatigue et les maux de gorge. On peut faire une infusion de cerfeuil dans du lait écrémé, sans ébouillanter la plante pour conserver sa fine saveur d'anis. Un cerfeuil nouveau serait la cryptoténie du Canada.*

Légume en pot
CORNICHONS AIGRES-DOUX

875 ml (3 1/2 tasses) de concombres nains,
moyens ou gros, tranchés

185 ml (3/4 de tasse) d'eau bouillante salée

125 ml (1/2 tasse) de vinaigre de vin blanc

60 ml (1/4 de tasse) de sucre brut

15 ml (1 c. à soupe) de graines de moutarde, de sénevé
ou de feuilles de moutarde fraîche

1 branche de cresson

Utiliser des bocaux de 685 ml (24 oz) en pyrex ou d'autres sortes de bocaux et multiplier autant de fois la recette. Stériliser les bocaux en les plaçant debout dans une marmite d'eau bouillante à chaleur entretenue pendant 15 minutes.

Verser de l'eau bouillante sur les concombres dans un plat, laisser reposer 5 minutes puis filtrer.

Déposer les légumes égouttés dans les bocaux refroidis.

Ajouter l'eau bouillante salée, le vinaigre et les autres ingrédients mélangés, en ne dépassant pas 6 mm (1/4 de pouce) du bord du bocal.

Sceller le bocal pour ne pas laisser échapper l'air.

*☞ Les graines de sénevé, dont le nom vulgaire est
la moutarde noire ou moutarde des champs,
sont universellement utilisées en compresses pour
leurs propriétés vésicatoires. Parce qu'elles sont
irritantes, elles font circuler le sang dans la partie
malade. Leur essence est violente pour la peau.
La moutarde blanche est meilleure que la noire pour
sa saveur douce et sa farine apéritive et dépurative.*

Légume haché en salade

SPAGHETTI DE COURGE À LA CORIANDRE

1 litre (4 tasses) de courge râpée ou de courge-spaghetti

185 ml (3/4 de tasse) de feuilles de coriandre hachées finement

125 ml (1/2 tasse) de persil frais, haché

45 ml (3 c. à soupe) d'huile d'olive (ou autre)

45 ml (3 c. à soupe) de vinaigre de cidre de pomme

6,25 ml (1 1/4 c. à thé) de sel marin

5 ml (1 c. à thé) de cerfeuil

Faire la vinaigrette dans un bol de bois et ajouter tous les autres ingrédients en les mélangeant avec les mains.

Suggestion de menu : servir, sur des feuilles de pissenlit, une portion de spaghetti de courge au coriandre avec des langues de bœuf, des foies de poulet ou des sardines, ainsi qu'un légume en pot, des haricots ou des champignons.

Usages thérapeutiques : tous les légumes et l'huile servent à régénérer l'estomac et les intestins.

☛ *La coriandre est une plante à odeur forte qui cause, à l'état frais, une extrême ivresse suivie de prostration. Macérée dans le vinaigre, elle est euphorisante, bactéricide, stimulante et digestive. Elle est efficace contre les intoxications d'origine intestinale.*

Légume à la crème

COURGETTES AUX ÉPICES À LA CRÈME FRAÎCHE

2 À 4 PORTIONS

---

500 ml (2 tasses) de courgettes cuites, tranchées

85 ml (1/3 de tasse) de crème à 35 %

2,5 ml (1/2 c. à thé) de sel marin

0,5 ml (1/8 c. à thé) de mangue en poudre

1 pincée de macis

1 pincée de clou de girofle

1 pincée de poivre

5 ml (1 c. à thé) de jusquiame

5 ml (1 c. à thé) de vinaigre de cidre de pomme

Dans un bol de verre ou d'acier inoxydable, battre à la fourchette la jusquiame avec le vinaigre pour en libérer le suc, puis filtrer.

Dans le même bol, ajouter les autres ingrédients sauf les courgettes, et continuer de battre avec la fourchette.

Quand la crème est bien lisse, ajouter les courgettes (cuites à l'étuvée, dans une marguerite et casserole avec couvercle, pendant 10 minutes).

Décorer avec de petites branches de persil, au goût.

☛ *La jusquiame ou herbe aux engelures est utilisée en huile contre les douleurs. Antispasmodique, on en extrait un calmant, l'hyosciamine, pour le traitement des maladies nerveuses.*

Légume farci

Endives farcies au poulet en crème

4 PORTIONS

4 endives fermes, rincées à l'eau froide

FARCE AU MALAXEUR

250 ml (1 tasse) de poulet cuit, en morceaux

60 ml (4 c. à soupe) de bouillon concentré de poulet

60 ml (4 c. à soupe) de purée d'amande

30 ml (2 c. à soupe) de crème épaisse

5 ml (1 c. à thé) de poudre de cari

1,25 ml (1/4 c. à thé) de sel marin

1 goutte de sauce Tabasco

Fendre les endives en deux et dégager les feuilles sans les séparer.

Verser la farce sur les huit moitiés et les refermer.

Présentation : piquer plusieurs feuilles de bourse-à-pasteur dans la farce d'endives.

☛ *La bourse-à-pasteur, au fruit en forme de cœur renversé, pousse partout dans le monde et en toute saison. L'absorption d'une infusion de plante fraîche plusieurs fois par jour arrête les hémorragies et les saignements de gencives et régularise le flux menstruel douloureux.*

Légume haché en salade

FENOUIL À LA CIBOULE

750 ml (3 tasses) de fenouil tranché mince
(la base blanche des feuilles)

185 ml (3/4 de tasse) de ciboulette hachée finement

60 ml (1/4 de tasse) de persil frais, haché

30 ml (2 c. à soupe) d'huile de soya (ou autre)

15 ml (1 c. à soupe) de lait tiède

15 ml (1 c. à soupe) de vinaigre de vin blanc

5 ml (1 c. à thé) de jus de citron

2,5 ml (1/2 c. à thé) de sel marin

Faire la vinaigrette dans un bol de bois et ajouter tous les autres ingrédients en les mélangeant avec les mains.

Suggestion de menu : servir, sur des feuilles d'endives, une portion de fenouil à la ciboule avec du crabe, des crevettes cuites (nature ou en conserve) ou des bouchées de poisson préparées, ainsi que des cœurs d'artichauts, des pousses de bambou et des cœurs de palmier en conserve.

Usages thérapeutiques : tous les légumes et l'huile sont un tonique pour les intestins et les nerfs.

☛ *La ciboulette, la ciboule ou la civette, ainsi que les feuilles d'ail, sont antiseptiques.*

Légume à la crème

HARICOTS COUPÉS
À LA CRÈME SARRIETTE

2 À 4 PORTIONS

500 ml (2 tasses) de haricots jaunes ou verts, cuits

60 ml (1/4 de tasse) de fromage cottage nature

30 ml (2 c. à soupe) d'huile à salade

30 ml (2 c. à soupe) de crème

30 ml (2 c. à soupe) d'oignon haché

30 ml (2 c. à soupe) de poivron vert haché finement

15 ml (1 c. à soupe) de jus de citron

5 ml (1 c. à thé) de sucre brut

5 ml (1 c. à thé) de sel marin

1 pincée de sarriette

Quelques gouttes de sauce Tabasco

Dans un bol de verre ou d'acier inoxydable, battre à la fourchette tous les ingrédients, sauf les haricots.

Quand la crème est bien lisse, ajouter les haricots (cuits à l'étuvée, dans une marguerite et casserole avec couvercle, pendant 40 minutes).

Décorer avec des petits piments grecs en boîte.

☛ *La sarriette est une plante qui a les mêmes vertus stimulantes, stomachiques et aphrodisiaques que l'angélique, la berle douce, le bouillon-blanc, la coriandre et le fenouil. Son essence calme instantanément les douleurs dentaires.*

Légume en pot

HARICOTS VERTS AU VINAIGRE

340 g (3/4 lb) de haricots verts, frais

420 ml (1 2/3 tasse) d'eau bouillante salée

40 ml (1/6 de tasse) de vinaigre de cidre de pomme

15 ml (1 c. à soupe) d'anis vert ou de graines d'aneth

5 ml (1 c. à thé) de sucre brut

60 ml (1/4 de tasse) de ciboulette

(haricots verts et jaunes/asperges)

Utiliser des bocaux de 685 ml (24 oz) en pyrex ou d'autres sortes de bocaux et multiplier autant de fois la recette. Stériliser les bocaux en les plaçant debout dans une marmite d'eau bouillante à chaleur entretenue pendant 30 minutes.

Blanchir les haricots dans de l'eau bouillante salée avec couvercle fermé pendant 15 minutes.

Déposer les légumes égouttés, dans le même sens, dans les bocaux refroidis.

Ajouter l'eau bouillante salée, le vinaigre et les autres ingrédients mélangés, en ne dépassant pas 6 mm (1/4 de pouce) du bord du bocal.

Sceller le bocal pour ne pas laisser échapper l'air.

☛ *L'anis vert et l'anis étoilé, appelé badiane, contiennent une essence, l'anéthol, qui agit sur le système neuromusculaire. Leurs vertus sont stomachiques et stimulantes dans l'atonie digestive et pour les spasmes douloureux causés par la fatigue. L'anis est calmant pour les coliques infantiles; administrer sous forme de lait à l'anis sucré fait à partir d'une infusion concentrée.*

Légume haché en salade
NAVET À L'HYSOPE

1,25 litre (5 tasses) de navet râpé

185 ml (3/4 de tasse) de feuilles d'hysope hachées finement
ou de tiges tendres de feuilles de radis ou de raves

60 ml (1/4 de tasse) de persil frais, haché

60 ml (4 c. à soupe) d'huile de tournesol (ou autre)

45 ml (3 c. à soupe) de vinaigre de malt

6,25 ml (1 1/4 c. à thé) de sel marin

5 ml (1 c. à thé) de sucre brut

2,5 ml (1/2 c. à thé) de jus d'ail

1,25 ml (1/4 c. à thé) de moutarde préparée

1 pincée de poivre

Faire la vinaigrette dans un bol de bois et ajouter tous les autres ingrédients en les mélangeant avec les mains.

Suggestion de menu : servir, sur des feuilles de chicorée, une portion de navet à l'hysope, avec du pâté maison, du fromage de tête, du veau en gelée, ainsi qu'un légume en pot (chou, carottes et raifort râpés, concombres vinaigrés, piments rouges).

Usages thérapeutiques : tous les légumes et l'huile servent à refaire le sang et à stimuler la respiration.

☛ *L'hysope est très efficace en infusion pour nettoyer*
les muqueuses et stimuler les centres nerveux
de la respiration dans les cas d'asthme. Elle est utile en
gargarismes dans les cas d'amygdalites et se prépare
en petits sachets qu'on ébouillante pour panser
les ecchymoses des paupières.

Légume en pot
PETITS OIGNONS DOUX AMERS

875 ml (3 1/2 tasses) de petits oignons blancs épluchés

125 ml (1/2 tasse) d'eau bouillante salée

250 ml (1 tasse) de vinaigre de vin blanc

125 ml (1/2 tasse) de feuilles de livèche ou de persil

1 gousse d'ail

(bulbes d'échalotes)

Utiliser des bocaux de 685 ml (24 oz) en pyrex ou d'autres sortes de bocaux et multiplier autant de fois la recette. Stériliser les bocaux en les plaçant debout dans une marmite d'eau bouillante à chaleur entretenue pendant 1 heure.

Faire tremper les oignons dans de l'eau froide salée additionnée de poudre d'alun pendant 24 heures, puis rincer.

Faire bouillir l'eau avec le vinaigre et les ingrédients pendant 2 minutes.

Déposer les légumes rincés dans les bocaux refroidis.

Ajouter l'eau bouillie et les ingrédients mélangés, en ne dépassant pas 6 mm (1/4 de pouce) du bord du bocal.

Sceller le bocal pour ne pas laisser échapper l'air.

Légume à la crème

PATATES SUCRÉES
À LA CRÈME VINAIGRETTE

2 À 4 PORTIONS

500 ml (2 tasses) de patates sucrées, tranchées

125 ml (1/2 tasse) de crème sure

15 ml (1 c. à soupe) d'huile à salade

15 ml (1 c. à soupe) de bière blonde

15 ml (1 c. à soupe) de vinaigre de cidre de pomme

15 ml (1 c. à soupe) de petits cornichons vinaigrés
hachés finement

2,5 ml (1/2 c. à thé) de sel de céleri

1,25 ml (1/4 c. à thé) de sel marin

1,25 ml (1/4 c. à thé) de moutarde en poudre

1 pincée de poivre

Dans un bol de verre ou d'acier inoxydable, battre à la fourchette tous les ingrédients, sauf les patates sucrées.

Ajouter les patates sucrées (cuites à l'étuvée, dans une marguerite et casserole avec couvercle, pendant 20 minutes).

Décorer avec des petites branches de persil et de radis, au goût.

☛ *Le houblon sert à la fabrication de la bière.*
C'est aussi un tonique amer, un narcotique
et un sédatif. On lui prête des vertus stomachiques et
aphrodisiaques. Ses inflorescences en infusion
sont recommandées pour les maladies de la peau.

Légume en pot
PIMENTS ET CONCOMBRES MÉLANGÉS

900 ml (3 2/3 tasses) de piments forts (ou doux)
et de concombres tranchés sur la longueur

500 ml (2 tasses) d'eau bouillante

15 ml (1 c. à soupe) de vinaigre de malt

10 ml (2 c. à thé) de sel marin

5 ml (1 c. à thé) de sucre brut

2,5 ml (1/2 c. à thé) d'estragon

2,5 ml (1/2 c. à thé) de cerfeuil

1,25 ml (1/4 c. à thé) d'origan

(poivre de cayenne pour remplacer le piment fort)

(petites tomates vertes)

Utiliser des bocaux de 685 ml (24 oz) en pyrex ou d'autres sortes de bocaux et multiplier autant de fois la recette. Stériliser les bocaux en les plaçant debout dans une marmite d'eau bouillante à chaleur entretenue pendant 1 heure.

Faire tremper les légumes dans de l'eau chaude salée pendant 1 heure, puis filtrer.

Faire bouillir l'eau et les ingrédients sur un feu doux entretenu pendant 20 minutes.

Déposer les légumes égouttés dans les bocaux refroidis.

Ajouter l'eau bouillie et les autres ingrédients en ne dépassant pas 6 mm (1/4 de pouce) du bord du bocal.

Sceller le bocal pour ne pas laisser échapper l'air.

☛ Le poivre est une épice provenant du fruit du poivrier. On le trouve sur toutes les tables. Le poivre d'eau ou herbe de Saint-Innocent est une espèce de renouée, le poivre d'Éthiopie est une plante aromatique, le poivre d'Espagne est un piment doux, le poivre de la Jamaïque est le piment «officiel». Quant au poivre vert d'Afrique avec son goût de verdure, il est consommé rond, nature, avec les aliments.

Légume en pot
PIMENTS, POIVRONS ET CÉLERI MÉLANGÉS

1 litre (4 tasses) de piments forts, de bâtons de céleri et de morceaux de poivron

420 ml (1 2/3 tasse) d'eau bouillante

10 ml (2 c. à thé) de sel marin

5 ml (1 c. à thé) de gingembre

2,5 ml (1/2 c. à thé) de curcuma

4 gousses d'ail

(grosses tomates vertes/piments cerises)

Utiliser des bocaux de 685 ml (24 oz) en pyrex ou d'autres sortes de bocaux et multiplier autant de fois la recette. Stériliser les bocaux en les plaçant debout dans une marmite d'eau bouillante à chaleur entretenue pendant 1 heure.

Faire tremper les légumes dans de l'eau chaude salée pendant 1 heure, puis filtrer.

Faire bouillir l'eau et les ingrédients sur un feu doux entretenu pendant 10 minutes.

Déposer les légumes égouttés dans les bocaux refroidis.

Ajouter l'eau bouillie et les autres ingrédients en ne dépassant pas 6 mm (1/4 de pouce) du bord du bocal.

Sceller le bocal pour ne pas laisser échapper l'air.

☞ *Le piment rouge ou persicaire est un piment d'eau. Il est officinal. On trouve le piment royal à saveur très piquante, le piment de la Jamaïque, le piment de cayenne et le piment fort, qu'on appelle poudre de Chili.*

Légume à la crème

POIREAUX À LA CRÈME

2 À 5 PORTIONS

625 ml (2 1/2 tasses) de poireaux cuits, tranchés

60 ml (1/4 de tasse) de fromage cottage nature

60 ml (1/4 de tasse) de fromage à la crème

45 ml (3 c. à soupe) de crème

5 ml (1 c. à thé) de jus de citron

2,5 ml (1/2 c. à thé) de sel marin

5 ml (1 c. à thé) de millepertuis

15 ml (1 c. à soupe) de vinaigrette piquante

Dans un bol de verre ou d'acier inoxydable, battre à la fourchette le millepertuis avec la vinaigrette pour en libérer le suc, puis filtrer.

Dans le même bol, ajouter tous les autres ingrédients à l'exception des poireaux et continuer de battre avec la fourchette.

Quand la crème est bien lisse, ajouter les poireaux (cuits à l'étuvée, dans une marguerite et casserole avec couvercle, pendant 20 minutes).

Décorer avec de la chapelure de graines de sésame grillées, au goût.

☞ *Le millepertuis ou herbe de la Saint-Jean guérit les brûlures et les blessures. Les sommités fleuries sont macérées dans de l'huile et du vin blanc et réduites au bain-marie au tiers du volume. L'huile est utilisée en compresses.*

Légume en pot

POIREAUX CONFITS
À LA MOUTARDE

1 litre (4 tasses) de poireaux crus,
coupés à la hauteur du bocal

425 ml (1 3/4 tasse) de vinaigre de cidre de pomme

15 ml (1 c. à soupe) de moutarde en poudre

10 ml (2 c. à thé) de sel marin

5 ml (1 c. à thé) de clou de girofle

5 ml (1 c. à thé) de graines de céleri

2,5 ml (1/2 c. à thé) d'épices mélangées en poudre

1 bouquet de feuilles de céleri

Utiliser des bocaux de 685 ml (24 oz) en pyrex ou d'autres sortes de bocaux et multiplier autant de fois la recette. Stériliser les bocaux en les plaçant debout dans une marmite d'eau bouillante à chaleur entretenue pendant 1 h 15 minutes.

Laver les poireaux à l'eau courante.

Déposer les légumes égouttés dans les bocaux refroidis.

Ajouter le vinaigre et les autres ingrédients mélangés, en ne dépassant pas 6 mm (1/4 de pouce) du bord du bocal.

Sceller le bocal pour ne pas laisser échapper l'air.

☛ *Les graines de céleri sont un remède contre
les engelures. Pour redonner vigueur à des pieds
endoloris, prendre chaque jour un bain de pieds de
10 minutes, dans une marmite où on a fait mijoter
pendant 45 minutes du céleri dans de l'eau
portée à ébullition.*

Légume farci
POIVRONS FARCIS AU POISSON
4 PORTIONS

4 poivrons de grosseur moyenne

FARCE

500 ml (2 tasses) de poisson cuit, émietté

85 ml (1/3 de tasse) d'oignon haché

85 ml (1/3 de tasse) de céleri tranché

170 ml (2/3 de tasse) de mayonnaise

50 ml (1/5 de tasse) de purée de tomates

15 ml (1 c. à soupe) de persil haché finement

15 ml (1 c. à soupe) de jus de citron

5 ml (1 c. à thé) de thym

3,75 ml (3/4 c. à thé) de sel marin

Quelques gouttes de sauce Tabasco

Couper la queue des poivrons à l'horizontale et couper une fine tranche sur le dessus (les poivrons doivent être crus ou amollis dans l'eau chaude et bien égouttés).

Enlever les graines à l'aide d'une petite cuillère.

Écraser le poisson avec les autres ingrédients à l'aide d'une fourchette.

Remplir chaque poivron de farce.

Présentation : servir accompagnés d'algues jaunes amollies à l'eau bouillante et de branches de persil.

☛ *Dans le vinaigre, le thym est bactéricide en raison de son essence, le thymol. Frais, il ouvre l'appétit et calme la toux nerveuse. En infusion concentrée, pour frictionner, il est utile contre la chute des cheveux. En tisane, le matin, il remplace le café pour stimuler la circulation du sang et éclaircir les idées.*

Légume à la crème
RADIS À LA CRÈME BLEUE
2 À 6 PORTIONS

750 ml (3 tasses) de radis crus, coupés en deux

60 ml (1/4 de tasse) de fromage bleu

125 ml (1/2 tasse) de crème à 35 %

45 ml (3 c. à soupe) d'huile à salade

30 ml (2 c. à soupe) de vinaigre de vin

3,75 ml (3/4 c. à thé) de sucre brut

2,5 ml (1/2 c. à thé) de sel marin

(quelques gouttes d'extrait de verveine)

Écraser le fromage dans une petite casserole sur un feu très doux.

Dans un bol de verre ou d'acier inoxydable, battre à la fourchette tous les ingrédients à l'exception des radis et du fromage.

Quand la crème est bien lisse, ajouter le fromage fondu et continuer de battre.

Ajouter les radis et, au goût, de la chapelure de tiges de fanes de radis hachées et du persil.

☛ *La verveine comme le tilleul et la menthe*
en infusion se boit à la fin d'un bon repas.
Elle est stomachique.

Légume haché en salade

RADIS AU CARVI

1,5 litre (6 tasses) de radis, coupés grossièrement

250 ml (1 tasse) de feuilles de carvi hachées

125 ml (1/2 tasse) de persil frais, haché

60 ml (4 c. à soupe) d'huile d'amande (ou autre)

30 ml (2 c. à soupe) de vinaigre de malt

30 ml (2 c. à soupe) d'eau froide

2,5 ml (1/2 c. à thé) d'assaisonnement d'herbes mélangées

1,25 ml (1/4 c. à thé) d'Angostura

6,25 ml (1 1/4 c. à thé) de sel marin

Faire la vinaigrette dans un bol de bois et ajouter tous les autres ingrédients en les mélangeant avec les mains.

Suggestion de menu : servir, sur des feuilles d'épinards bien fraîches, une portion de radis au carvi avec du saumon, du jambon ou des petites saucisses, ainsi qu'un légume en pot (bouquets de chou-fleur), des petits poireaux entiers et des olives vertes et noires.

Usages thérapeutiques : tous les légumes et l'huile servent à calmer et aseptiser le foie, les reins et les intestins.

☞ *Le carvi a des feuilles semblables à celles de la carotte. Ses vertus sont les mêmes que celles du fenouil. Les graines en infusion soignent les coliques infantiles, l'aérophagie, la cardialgie. On en fait une huile contre le tintement des oreilles.*

Légume farci

RADIS AU FROMAGE FONDU À L'AIL

20 radis au goût fort, équeutés et lavés

FARCE

45 ml (3 c. à soupe) de beurre mou

15 ml (1 c. à soupe) d'ail broyé

125 ml (1/2 tasse) de fromage suisse râpé

Couper les radis sur le dessus, deux fois dans un sens, puis deux fois dans l'autre, pour les ouvrir (couper une fine tranche du dessous à l'horizontale si nécessaire).

Mélanger les autres ingrédients à l'aide d'une petite cuillère.

Garnir les radis de farce et les déposer dans un plat allant au four.

Faire cuire 8 minutes à 200 °C (400 °F).

Présentation : disposer sur des feuilles de bouillon-blanc et d'autres feuilles sauvages.

☛ *Le bouillon-blanc est une plante dont l'infusion doit être soigneusement filtrée à cause de sa multitude de poils. Son aide est précieuse chez les enfants souffrant d'irritations de l'appareil respiratoire et digestif, et de diarrhées douloureuses. Il favorise l'expectoration des muqueuses dans les bronchites et l'asthme, et facilite le sommeil.*

Légume en pot
RHUBARBE EN BÂTONS

875 ml à 1 litre (3 1/2 à 4 tasses) de rhubarbe crue, coupée
en bâtons à la hauteur du bocal

425 ml (1 3/4 tasse) d'eau bouillante salée

170 ml (2/3 de tasse) de sucre brut

2,5 ml (1/2 c. à thé) de cannelle

2,5 ml (1/2 c. à thé) de clou de girofle

(pommettes/citrouille en cubes, tomates jaunes à confiture)

Utiliser des bocaux de 685 ml (24 oz) en pyrex ou d'autres sortes de bocaux et multiplier autant de fois la recette. Stériliser les bocaux en les plaçant debout dans une marmite d'eau bouillante à chaleur entretenue pendant 30 minutes.

Laver la rhubarbe à l'eau courante.

Déposer la rhubarbe ou les fruits égouttés dans les bocaux refroidis.

Ajouter l'eau bouillante salée, le vinaigre et les autres ingrédients mélangés, en ne dépassant pas 6 mm (1/4 de pouce) du bord du bocal.

Sceller le bocal pour ne pas laisser échapper l'air.

☞ *Les feuilles et les tiges de rhubarbe sont purgatives et toniques. On utilise les racines de diverses rhubarbes pour fabriquer une poudre laxative.*

Légume à la crème
SALSIFIS À LA CRÈME MÉLILOT
2 À 4 PORTIONS

500 ml (2 tasses) de salsifis cuits ou
1 boîte de 395 g (14 oz)

30 ml (2 c. à soupe) de crème épaisse

45 ml (3 c. à soupe) d'huile à salade

1,25 ml (1/4 c. à thé) de moutarde en poudre

2,5 ml (1/2 c. à thé) de sel marin

2,5 ml (1/2 c. à thé) de sucre brut

1 pincée de poivre noir

1 pincée de poivre rouge

5 ml (1 c. à thé) de mélilot

30 ml (2 c. à soupe) de vinaigre de vin

Dans un bol de verre ou d'acier inoxydable, battre à la fourchette le mélilot avec le vinaigre pour en libérer le suc, puis filtrer.

Dans le même bol, ajouter les autres ingrédients à l'exception des salsifis, et continuer de battre.

Quand la crème est bien lisse, ajouter les salsifis (cuits à l'étuvée, dans une marguerite et casserole avec couvercle, pendant 50 minutes).

Décorer avec des olives vertes farcies tranchées.

☞ *Le mélilot est une plante légumineuse sauvage
et fourragère dont on extrait la coumarine,
substance cristalline odorante utilisée
dans les parfums. L'infusion de cette plante
soulage l'inflammation des paupières.*

Légume haché en salade
Tomates au persil

1 litre (4 tasses) de tomates tranchées (environ 8 moyennes)

500 ml (2 tasses) de persil frais, haché

60 ml (4 c. à soupe) d'huile de soya (ou autre)

45 ml (3 c. à soupe) de vinaigre de vin rouge

7,5 ml (1 1/2 c. à thé) de sel marin

1 bonne pincée de poudre d'oignon et d'épices du Yucatan

Faire la vinaigrette dans un bol de bois et ajouter tous les autres ingrédients en les mélangeant avec les mains.

Suggestion de menu : servir, sur des feuilles de chicorée scarole, une portion de tomates au persil avec du thon au citron, du saumon fumé ou des palourdes, ainsi qu'un légume en pot (chou, carottes et raifort râpés, champignons) et des haricots.

Usages thérapeutiques : tous les légumes et l'huile servent à tonifier et à régénérer le sang et l'estomac.

☛ *Les épices du Yucatan, particulièrement*
les graines de Chia mexicaines, ont de fins arômes
et un pouvoir stimulant.

Légume farci

TOMATES FARCIES AU SAUMON

4 PORTIONS

4 grosses tomates rincées à l'eau froide

FARCE

250 ml (1 tasse) de saumon cuit, émietté avec la peau

85 ml (1/3 de tasse) de mayonnaise

2 pincées de poivre

1 pincée de marjolaine

Quelques pincées de sel marin

Couper un petit capuchon sur le dessus des tomates et creuser l'intérieur sur un bon diamètre.

Écraser le saumon avec le reste des ingrédients à l'aide d'une fourchette plate.

Remplir les tomates de farce et remettre les capuchons.

Présentation : disposer sur des feuilles vertes au choix (laitue, chicorée, épinards).

☛ *La marjolaine est une plante dont on extrait le terpinéol en parfumerie. Elle contient des principes antispasmodiques et calme parfois les chagrins.*

Légume farci

TOMATES NAINES FARCIES AUX ANCHOIS

450 g (1 lb) de tomates naines mûres, rincées

FARCE

85 ml (1/3 de tasse) de pâte d'anchois

125 ml (1/2 tasse) de fromage cottage nature

15 ml (1 c. à soupe) de mayonnaise

2,5 ml (1/2 c. à thé) de jus d'ail

Creuser et vider les tomates de leur jus et de leurs pépins.

Mélanger la pâte d'anchois avec les autres ingrédients à l'aide d'une fourchette.

Remplir chaque tomate de farce.

Présentation : disposer sur des feuilles de calament ou de cresson.

☛ *En infusion, le calament a de réels effets sur l'activité cérébrale. Des expériences sur des animaux ont démontré que le calament rendait leurs réflexes plus rapides. Chez les humains, cette plante calme les crises de hoquet.*

Salade fruitée
SALADE AUX AMANDES
4 PORTIONS

4 tomates en quartiers

185 ml (3/4 de tasse) de poivron vert haché gros

185 ml (3/4 de tasse) de navet râpé

125 ml (1/2 tasse) de dattes hachées grossièrement

60 ml (1/4 de tasse) d'amandes en lamelles

30 ml (2 c. à soupe) de vinaigre de cidre de pomme

10 ml (2 c. à thé) de lavande

45 ml (3 c. à soupe) d'huile à salade

3,75 ml (3/4 c. à thé) de sel marin

45 ml (3 c. à soupe) de crème épaisse

Dans une tasse, battre à la fourchette la lavande et le vinaigre, attendre 5 minutes puis filtrer.

Continuer la vinaigrette dans un bol avec l'huile, le sel, puis la crème.

Ajouter les légumes, les fruits et les noix, et bien mélanger.

Présentation : servir sur des feuilles de laitue ou de menthe poivrée.

☛ *La lavande, bien connue pour son essence en parfumerie, a aussi des usages médicaux. Elle est excitante, diurétique et désinfectante pour les voies respiratoires. On s'en couvre le corps pour se protéger contre les morsures et les insectes. On l'utilise en compresses pour l'eczéma et pour les pieds fatigués. L'extrait de lavande en crème engourdit la douleur.*

Salade fruitée
SALADE D'AVOCAT
AUX CHÂTAIGNES
3 PORTIONS

310 ml (1 1/4 de tasse) d'avocat défait en morceaux

220 ml (7/8 de tasse) d'asperges cuites, coupées

85 ml (1/3 de tasse) de ciboulette hachée fin

85 ml (1/3 de tasse) d'ananas en morceaux

60 ml (1/4 de tasse) de châtaignes cuites, hachées

2 cerises rouges confites, hachées

10 ml (2 c. à thé) de vinaigre de vin blanc

5 ml (1 c. à thé) de safran

85 ml (1/3 de tasse) de mayonnaise

30 ml (2 c. à soupe) de jus d'ananas

2,5 ml (1/2 c. à thé) de sel marin

Dans un bol, battre à la fourchette le vinaigre, le safran, la mayonnaise, le jus d'ananas et le sel.

Ajouter les légumes, les fruits et les noix.

Bien mélanger.

Présentation : servir sur des feuilles de chicorée scarole.

☛ *Le safran, dont on extrait l'huile de carthame,
est une plante d'Asie qui a la propriété de faire baisser
le taux de cholestérol. Elle est emménagogue,
stomachique et excitante pour le cœur et les yeux.
Administré en poudre ou en infusion
avec de la vitamine B_6, le safran fait retrouver
le sommeil profond.*

Salade potagère
Salade aux petites betteraves

750 ml (3 tasses) de chicorée scarole, déchiquetée

500 ml (2 tasses) de chicorée amère, déchiquetée et lavée

375 ml (1 1/2 tasse) de haricots verts cuits, coupés

250 ml (1 tasse) de chou cru tranché mince

250 ml (1 tasse) de navet cru haché en vermicelle

1 gros oignon coupé en rondelles

250 ml (1 tasse) de pommes de terre cuites coupées en cubes
(ou de patates sucrées, de fèves de Lima, de macaroni)

250 ml (1 tasse) de pois verts cuits, égouttés

375 ml (1 1/2 tasse) de carottes cuites, coupées en cubes

250 ml (1 tasse) de poivron coupé en lanières

750 ml (3 tasses) de tomates en morceaux (4 moyennes)

20 petites betteraves cuites, entières

500 ml (2 tasses) de volaille cuite, en morceaux

125 ml (1/2 tasse) de crème épaisse

40 ml (1/6 de tasse) de ketchup rouge

40 ml (1/6 de tasse) de fromage fondu de type Cheez Whiz

5 ml (1 c. à thé) d'assaisonnement d'herbes mélangées

1,25 ml (1/4 c. à thé) de sel marin

1,25 ml (1/4 c. à thé) de sauge en poudre

Utiliser un grand plat concave. Au gré de son inspiration, y disposer les légumes pêle-mêle, les uns sur les autres, en terminant avec les betteraves.

Avec le reste des ingrédients, préparer la sauce à salade qu'on servira à part, dans une saucière.

☛ *La sauge est une herbe qui était considérée comme sacrée autrefois. Elle est bactéricide dans le vinaigre. En tabac, elle est appréciée des fumeurs et des asthmatiques pour son odeur de camphre. En infusion, ses feuilles sont toniques pour les nerfs et l'appareil digestif. Elle combat la transpiration excessive.*

Salade verte
SALADE DE BETTES

1 litre (4 tasses) de bettes rincées, bien égouttées
coupées grossièrement

45 ml (3 c. à soupe) d'huile d'olive

30 ml (2 c. à soupe) de vinaigre de vin rouge

15 ml (1 c. à soupe) de relish verte sucrée

15 ml (1 c. à soupe) d'eau froide

2,5 ml (1/2 c. à thé) de sel marin

1 pointe de couteau de moutarde

1 pincée de poivre

Utiliser un bol à salade en bois. Faire d'abord la vinaigrette, puis ajouter les feuilles fraîches.

Suggestion de menu : déguster, dans une assiette, une portion de salade de bettes, 6 toasts Melba ou galettes de blé entier frottés avec une gousse d'ail, 170 g (6 oz) de fromage à la crème, 1/2 casseau de framboises mûres et 2 petites boîtes de filets d'éperlan ou de sardines à l'huile.

Salade santé
SALADE DE BETTES ET DE CHOU-RAVE

1 litre (4 tasses) de bettes, blettes ou poirées à carde, hachées grossièrement

750 ml (3 tasses) de chou-rave ou de chou ordinaire, râpé

125 ml (1/2 tasse) de cerfeuil sauvage ou de jardin, haché finement

1 oignon moyen haché

10 petites tomates rouges coupées en deux

4 gousses d'ail hachées finement

22,5 ml (1 1/2 c. à soupe) de raifort haché très fin

45 ml (3 c. à soupe) d'huile d'olive

5 ml (1 c. à thé) de sel marin

2,5 ml (1/2 c. à thé) de moutarde en poudre

Faire la salade à sa manière.
Ne pas attendre pour la consommer.

☛ *Le cerfeuil musqué ou cerfeuil sauvage est une plante potagère très prisée en salade au Japon. Le tabac de ses feuilles séchées soulage les asthmatiques. En compagnie du pissenlit et de la bourrache, il combat les éruptions cutanées et la faiblesse générale. Autres plantes bénéfiques pour les poumons et les bronches : âche, alliaire, angélique, bourrache, chardon béni, consoude, genêt, épervière piloselle, lierre terrestre, marrube, origan, potentille, primevère.*

Salade verte

SALADE DE CHICORÉE

1 litre (4 tasses) de chicorée lavée, bien égouttée
et déchirée en gros morceaux

30 ml (2 c. à soupe) d'huile de sésame (ou autre)

335 ml (1 1/3 tasse) de concombre pilé sans les graines

15 ml (1 c. à soupe) de thé fort

1,75 ml (1/3 c. à thé) de sel marin

Utiliser un bol à salade en bois. Faire d'abord la vinaigrette, puis verser sur les feuilles fraîches.

Suggestion de menu : déguster, dans une assiette, une portion de salade de chicorée, 12 moitiés de pruneaux dénoyautés avec 180 ml (6 oz) de yogourt dans les cavités, une boîte de 340 g (12 oz) de palourdes assaisonnées à la vinaigrette et 3 galettes de sarrasin.

Salade santé

SALADE DE CHICORÉE ET DE LAITUE FRISÉE

750 ml (3 tasses) de chicorée hachée grossièrement

750 ml (3 tasses) de laitue frisée hachée grossièrement

250 ml (1 tasse) d'orpin de jardin, haché, feuilles et tiges
(ou l'enveloppe tendre des gousses de petits pois)

375 ml (1 1/2 tasse) de radis noir râpé

185 ml (3/4 de tasse) de feuilles de carvi hachées finement

125 ml (1/2 tasse) de feuilles de menthe hachées finement

3 tomates coupées en quartiers

45 ml (3 c. à soupe) d'huile d'olive

15 ml (1 c. à soupe) de vinaigre de vin

5 ml (1 c. à thé) de sel marin

2,5 ml (1/2 c. à thé) de poudre de réglisse

Faire la salade à sa manière.

Ne pas attendre pour la consommer.

☛ *Le grand orpin est comestible.*
Mariné, c'est un excellent hors-d'œuvre. On le cultive
dans les régions tempérées.

Salade santé
SALADE DE CHICORÉE ET D'OSEILLE

750 ml (3 tasses) de chicorée scarole hachée grossièrement

500 ml (2 tasses) d'oseille déchiquetée

500 ml (2 tasses) de menthe poivrée déchiquetée

185 ml (3/4 de tasse) de pimprenelle
ou de petites fougères mâles

500 ml (2 tasses) de concombres tranchés mince,
avec la pelure

2 gros oignons coupés en rondelles

125 ml (1/2 tasse) de feuilles d'estragon

60 ml (1/4 de tasse) de feuilles de thym

5 ml (1 c. à thé) de sel marin

1 petit piment rouge haché finement (sans les graines)

Faire la salade à sa manière.

Ne pas attendre pour la consommer.

☞ *La pimprenelle, plante à cultiver, est une plante que mangent les lapins. Ses feuilles tendres ont un goût de concombre. En infusion, la pimprenelle est un astringent très efficace. Bouillie pendant 2 minutes et infusée pendant 30 minutes, elle guérit la diarrhée.*

Salade verte
SALADE DE CHICORÉE SCAROLE

1,25 litre (5 tasses) de chicorée scarole lavée, égouttée
(les feuilles complètes)

45 ml (3 c. à soupe) d'huile à salade non hydrogénée

25 ml (1 2/3 c. à soupe) de vinaigre de vin blanc

60 ml (1/4 de tasse) de feuilles de livèche hachées finement

30 ml (1/8 de tasse) d'échalotes hachées finement

2,5 ml (1/2 c. à thé) de sel marin

1,25 ml (1/4 c. à thé) de sucre brut

Utiliser un bol à salade en bois.

Faire d'abord la vinaigrette, puis verser sur les feuilles fraîches.

Suggestion de menu : déguster, dans une assiette, une portion de salade de chicorée scarole, 4 moitiés de poires dénoyautées avec 180 ml (6 oz) de yogourt dans les cavités, une boîte de 250 g (8 oz) de saumon émietté assaisonné de jus de citron et 60 ml (2 oz) de croustilles de maïs.

☛ *La livèche officinale est une âche de montagne.*
Il y a 20 espèces connues, dont la livèche écossaise ou persil de mer qui croît sur les rivages maritimes de l'est du Québec. La livèche, au goût de persil et de céleri amer, est apéritive en salade. Elle guérit les troubles glandulaires associés à la ménopause. Autres plantes qui stimulent le système glandulaire : anémone pulsatille, armoise commune, berce, bourse-à-pasteur, camomille, camomille romaine, carvi, coriandre, gaillet, matricaire, menthe, moutarde, origan, ortie, prèle, raifort, reine-des-prés, sarriette, sauge.

Salade verte
SALADE DE CHOU MARIN

1,25 litre (5 tasses) de chou marin coupé grossièrement

60 ml (4 c. à soupe) d'huile d'olive

40 ml (2 2/3 c. à soupe) de vinaigre de malt

125 ml (1/2 tasse) d'oignon haché

15 ml (1 c. à soupe) de poivron haché finement

2,5 ml (1/2 c. à thé) de sel marin

2,5 ml (1/2 c. à thé) de sucre brut

1 pointe de couteau de moutarde préparée

Utiliser un bol à salade en bois.

Faire d'abord la vinaigrette, puis verser sur les feuilles fraîches.

Suggestion de menu : déguster, dans une assiette, une portion de salade de chou marin, 6 toasts Melba frottées avec une gousse d'ail ou de l'oignon sauvage, 250 ml (8 oz) de fromage cottage, 4 moitiés de pommes dénoyautées et 12 bigorneaux assaisonnés de vinaigrette.

Salade potagère

SALADE AUX CHOUX DE BRUXELLES

1,25 litre (5 tasses) de cresson

375 ml (1 1/2 tasse) de carottes crues,
coupées en lamelles fines

185 ml (3/4 de tasse) de navet cru, coupé en lamelles fines

250 ml (1 tasse) de céleri cuit, coupé

500 ml (2 tasses) de radis rouges tranchés

250 ml (1 tasse) de courgette crue,
pelée et coupée en julienne

625 ml (2 1/2 tasses) de restes de viande

185 ml (3/4 de tasse) de maïs en grains

24 petits choux de Bruxelles cuits

85 ml (1/3 de tasse) de mayonnaise

60 ml (1/4 de tasse) de fromage fondu de type Cheez Whiz

60 ml (1/4 de tasse) d'eau bouillante

2,5 ml (1/2 c. à thé) de jus d'oignon

1/2 cube d'Oxo

5 ml (1 c. à thé) de jus d'oignon

2,5 ml (1/2 c. à thé) de sel marin

0,5 ml (1/8 c. à thé) de laurier

Utiliser un grand plat concave. Au gré de son inspiration, y disposer les légumes.

Avec le reste des ingrédients, préparer la sauce à salade qu'on servira à part, dans une saucière.

☛ *Le laurier est indispensable dans la cuisine. Son essence odorante est antispasmodique et narcotique. L'infusion concentrée de ses feuilles est un composant de sirop pour la toux.*

Salade verte

SALADE DE CRESSON

1,5 litre (6 tasses) de cresson lavé, égoutté

45 ml (3 c. à soupe) d'huile à salade non hydrogénée

25 ml (1 2/3 c. à soupe) de vinaigre de vin blanc

2,5 ml (1/2 c. à thé) de sel marin

1 pincée de poivre

Quelques gouttes de sauce Tabasco

Utiliser un bol à salade en bois.

Faire d'abord la vinaigrette, puis verser sur les feuilles fraîches.

Suggestion de menu : déguster, dans une assiette, une portion de salade de cresson, une banane coupée sur la longueur, 250 g (8 oz) de fromage à la crème, une orange en quartiers, un pamplemousse en quartiers et 4 éperlans frits.

☛ *La salade de chouette, cardamine ou cresson de*
cheval, malgré sa saveur piquante, est l'une
de nos meilleures salades sauvages. Elle a un goût de
cresson prononcé. Elle est antiscorbutique et tonique.
Les convalescents, les lymphatiques et ceux qui font
de l'anémie ont besoin des vitamines C et A ainsi que
du fer, du soufre et de l'iode qu'elle contient.
Elle enraye la tuberculose pulmonaire et les rhumes
à leur début grâce à ses essences sulfurées. Administré
dans les narines, son suc fait disparaître
les polypes muqueux.

Salade santé

Salade de cresson, persil et chicorée

750 ml (3 tasses) de cresson

500 ml (2 tasses) de persil haché finement

500 ml (2 tasses) de chicorée sauvage ou
de jardin hachée grossièrement

250 ml (1 tasse) de chou râpé

1 gros oignon rouge tranché mince

3 à 4 cœurs d'artichauts

85 ml (1/3 de tasse) de coriandre hachée finement

125 ml (1/2 tasse) de feuilles de livèche hachées finement

45 ml (3 c. à soupe) d'huile d'olive

5 ml (1 c. à thé) de vinaigre de vin

5 ml (1 c. à thé) de sel marin

2,5 ml (1/2 c. à thé) de jus d'ail

Faire macérer la coriandre dans le vinaigre.

Préparer la salade.

Ne pas attendre pour la consommer.

☛ *La chicorée sauvage est apéritive et tonifiante pour
les intestins. En infusion avec la chélidoine, l'herbe
qui fait pleurer et rire, la chicorée est utile pour traiter
les rides par des bains du visage matin et soir.
Autres plantes dépuratives du foie, du sang et des
intestins : âche, achillée, aigremoine, ail, bouillon-
blanc, chélidoine, chiendent, consoude, fenouil, genêt,
moutarde, pissenlit, polypode, potentille.*

Salade verte
SALADE D'ENDIVES

1 litre (4 tasses) d'endives lavées, égouttées,
défaites en feuilles

30 ml (2 c. à soupe) d'huile à salade non hydrogénée

15 ml (1 c. à soupe) de vinaigre de vin blanc

15 ml (1 c. à soupe) de jus de tomate

1,25 ml (1/4 c. à thé) de jus d'ail

1,75 ml (1/3 c. à thé) de sel marin

1 pincée de poivre

Utiliser un bol à salade en bois.

Faire d'abord la vinaigrette, puis verser sur les feuilles fraîches.

Marier au goût les endives avec du cresson

Suggestion de menu : déguster, dans une assiette, une portion de salade d'endives, 8 boulettes de fromage cottage nature avec de la ciboulette, 8 huîtres fumées, 12 cerises de France et 6 châtaignes cuites (à la poêle ou dans l'huile).

Salade verte
SALADE D'ÉPINARDS

1,25 litre (5 tasses) d'épinards lavés, égouttés et déchiquetés grossièrement
45 ml (3 c. à soupe) d'huile de soya ou d'olive
15 ml (1 c. à soupe) de vinaigre de vin rouge
15 ml (1 c. à soupe) de jus de citron
2,5 ml (1/2 c. à thé) de sel marin
1,25 ml (1/4 c. à thé) de sucre brut

Utiliser un bol à salade en bois.

Faire d'abord la vinaigrette, puis verser sur les feuilles fraîches.

Marier au goût les épinards avec de la laitue de Boston

Suggestion de menu : déguster, dans une assiette, une portion de salade d'épinards, 1/2 melon dénoyauté coupé en tranches fines, 8 boulettes de fromage à la crème assaisonné, 125 ml (1/2 tasse) de poisson cuit émietté et 8 toasts Melba de blé entier.

☛ *Les jeunes pousses d'épilobe se marient bien avec les épinards, car elles ont la même texture et les mêmes propriétés apéritives. L'épilobe ou épilobe à épis est ornemental et très répandu en France.*

Salade santé
SALADE D'ÉPINARDS ET D'ENDIVES

---

750 ml (3 tasses) d'épinards déchiquetés

500 ml (2 tasses) d'endives défaites en feuilles

185 ml (3/4 de tasse) de berle douce hachée finement
(ou âche d'eau, livèche, feuilles de carotte)

250 ml (1 tasse) de céleri tranché mince

250 ml (1 tasse) de poireaux crus hachés finement

185 ml (3/4 de tasse) de radis tranchés en lamelles

1 gros oignon haché

125 ml (1/2 tasse) d'échalotes vertes hachées finement

125 ml (1/2 tasse) de ciboulette hachée finement

45 ml (3 c. à soupe) d'huile d'olive

15 ml (1 c. à soupe) de vinaigre de cidre de pomme

5 ml (1 c. à thé) de sel marin

Faire la salade à sa manière.

Ne pas attendre pour la consommer.

☛ *La berle douce, mâche d'eau ou céleri des marais est un céleri sauvage ayant des vertus plus grandes que celles du céleri cultivé. La racine de la plante est un puissant diurétique et un stimulant dans les cas de faiblesse de reins et d'insuffisance hépatique. Les feuilles sont fébrifuges. Autres plantes efficaces contre la rétention d'urine, la lithiase et les troubles de la vessie : bardane, bruyère, camomille romaine, doradille, épervière piloselle, mauve, prèle, raifort.*

Salade santé
Salade d'épinards et d'oseille

750 ml (3 tasses) de laitue déchiquetée

500 ml (2 tasses) d'épinards hachés grossièrement

500 ml (2 tasses) d'oseille hachée grossièrement

185 ml (3/4 de tasse) de jeunes pousses d'ortie ou
de haricots tendres, hachés

85 ml (1/3 de tasse) de feuilles de pavot hachées

85 ml (1/3 de tasse) d'aneth frais haché finement

250 ml (1 tasse) de carottes râpées

250 ml (1 tasse) de poivron coupé en morceaux

125 ml (1/2 tasse) d'olives noires en morceaux

85 ml (1/3 de tasse) de feuilles de sarriette

45 ml (3 c. à soupe) d'huile d'olive

5 ml (1 c. à thé) de sel marin

2,5 ml (1/2 c. à thé) de poudre d'algue

Faire la salade à sa manière.
Ne pas attendre pour la consommer.

☛ *La grande ortie ou ortie blanche est une plante
pouvant freiner les hémorragies et les saignements de
nez fréquents. Il faut la prendre en sirop : faire une
infusion très concentrée et l'ajouter à du sirop.
Les fleurs sont astringentes et les jeunes tiges sont
comestibles. Autres plantes utiles pour reprendre
des couleurs, rajeunir, récupérer ses forces et dormir :
ail, anémone, anis vert, aubépine, ballote, carvi,
églantier, lavande, marrube, mélisse, menthe, oignon,
persil, pulsatille, sauge, valériane.*

Salade fruitée
SALADE D'EUCALYPTUS ET DE NOIX DE GRENOBLE
4 PORTIONS

500 ml (2 tasses) de carottes râpées

250 ml (1 tasse) de céleri tranché mince

125 ml (1/2 tasse) d'oignon haché

85 ml (1/3 de tasse) de figues hachées finement

60 ml (1/4 de tasse) de noix de Grenoble
en petits morceaux ou de poudre d'amande

60 ml (1/4 de tasse) de lait bouillant

3 feuilles d'eucalyptus émiettées

60 ml (1/4 de tasse) de fromage à la crème à la ciboulette

60 ml (1/4 de tasse) de mayonnaise

2,5 ml (1/2 c. à thé) de sel marin

0,5 ml (1/8 c. à thé) de cerfeuil

Dans une tasse, battre à la fourchette l'eucalyptus avec le lait bouillant. Attendre 3 minutes, puis filtrer.

Continuer la vinaigrette dans un bol avec le fromage, la mayonnaise, le cerfeuil et le sel.

Ajouter les légumes, les fruits et les noix, et bien mélanger.

Présentation : servir sur des feuilles de persil.

☞ *L'eucalyptus est un antiseptique et un bactéricide puissant qui agit contre la colibacillose. Il soulage le rhumatisme, le diabète, la toux, les grippes et les bronchites. Faire bouillir les feuilles pendant 1 minute et laisser infuser 10 minutes.*

Salade fruitée

SALADE AUX HERBES

3 PORTIONS

250 ml (1 tasse) de carottes râpées

125 ml (1/2 tasse) de navet râpé

60 ml (1/4 de tasse) de feuilles de céleri hachées

125 ml (1/2 tasse) de champignons crus tranchés

60 ml (1/4 de tasse) d'oignons blancs vinaigrés hachés

60 ml (1/4 de tasse) de raisins de Corinthe

45 ml (3 c. à soupe) de graines de sésame grillées ou
de pignons grillés et râpés

10 ml (2 c. à thé) de jus de citron

10 ml (2 c. à thé) d'armoise absinthe

85 ml (1/3 de tasse) de mayonnaise

5 ml (1 c. à thé) de chlorophylle ou de jus d'épinards concentré

2,5 ml (1/2 c. à thé) de sel marin

1 pincée de sarriette

Dans une tasse, battre à la fourchette l'armoise avec le jus de citron. Attendre 5 minutes, puis filtrer.

Continuer la vinaigrette dans un bol avec la mayonnaise, la chlorophylle, le sel et la sarriette.

Ajouter les légumes, les fruits et les noix, et bien mélanger.

Présentation : servir sur des feuilles de cresson.

☛ *L'armoise absinthe a des propriétés ne convenant pas à la femme enceinte. C'est une plante emménagogue qui guérit promptement l'aménorrhée et les troubles glandulaires qui causent la suppression des règles. Elle ouvre l'appétit et agit sur les fièvres intermittentes mieux que le quinquina.*
C'est aussi un puissant vermifuge et un antiseptique sur les plaies externes.

Salade verte
SALADE DE LAITUE CHINOISE

1,25 litre (5 tasses) de laitue chinoise lavée, égouttée,
coupée grossièrement

40 ml (2 2/3 c. à soupe) d'huile d'olive

30 ml (2 c. à soupe) de vinaigre de vin blanc

15 ml (1 c. à soupe) de ketchup rouge

2,5 ml (1/2 c. à thé) de sucre brut

2,5 ml (1/2 c. à thé) de sel marin

1 bonne pincée de cari

Quelques gouttes d'Angostura

Utiliser un bol à salade en bois.

Faire d'abord la vinaigrette, puis verser sur les feuilles fraîches.

Suggestion de menu : déguster, dans une assiette, une portion de salade de laitue chinoise, 6 moitiés d'abricots dénoyautés avec 180 ml (6 oz) de yogourt nature dans les cavités, une boîte de 115 g (4 oz) de crabe assaisonné de vinaigrette et 6 biscuits fins au fromage fort.

Salade verte
SALADE DE LAITUE FRISÉE

1 petite pomme de laitue frisée, les feuilles lavées,
égouttées et coupées en deux

30 ml (2 c. à soupe) d'huile à salade non hydrogénée

20 ml (1 1/3 c. à soupe) de vinaigre de vin blanc

15 ml (1 c. à soupe) d'eau froide

15 ml (1 c. à soupe) d'anis vert haché très fin

1,75 ml (1/3 c. à thé) de sel marin

Utiliser un bol à salade en bois.

Faire d'abord la vinaigrette, puis verser sur les feuilles fraîches.

Marier au goût la laitue et de la chicorée très verte.

Suggestion de menu : déguster, dans une assiette, une portion de salade de laitue frisée, une grosse tranche de pain séché au froment frottée avec une gousse d'ail, 180 ml (6 oz) de fromage cottage à la crème, 1/2 casseau de fraises des champs et 2 petites boîtes de filets de maquereau à l'huile d'olive.

Salade verte
SALADE DE LAITUE POMMÉE

1,5 litre (6 tasses) de laitue pommée lavée,
égouttée et déchiquetée

45 ml (3 c. à soupe) d'huile à salade non hydrogénée

25 ml (1 2/3 c. à soupe) de vinaigre de vin blanc

30 ml (1/8 de tasse) de ciboulette hachée finement

5 ml (1 c. à thé) de jus d'ail

2,5 ml (1/2 c. à thé) de sel marin

1,25 ml (1/4 c. à thé) de sucre brut

Utiliser un bol à salade en bois.

Faire d'abord la vinaigrette, puis verser sur les feuilles fraîches.

Suggestion de menu : déguster, dans une assiette, une portion de salade de laitue pommée, 10 croûtons à l'ail, 10 cubes de fromage canadien, 6 cuisses de grenouille grillées, 2 grappes de raisin et 4 morceaux de rhubarbe en pot.

Salade verte
SALADE DE MENTHE

1 litre (4 tasses) de feuilles de menthe poivrée déchiquetées

45 ml (3 c. à soupe) d'huile à salade non hydrogénée

30 ml (2 c. à soupe) de vinaigre de malt

125 ml (1/2 tasse) de tomates vertes tranchées mince

2,5 ml (1/2 c. à thé) de raifort en poudre

2,5 ml (1/2 c. à thé) de sel marin

Utiliser un bol à salade en bois.

Faire d'abord la vinaigrette, puis verser sur les feuilles fraîches.

Marier au goût la menthe avec des épinards ou de la mâche.

Suggestion de menu : déguster, dans une assiette, une portion de salade de menthe, 250 ml (8 oz) de fèves rouges rognons cuites avec de l'ail et assaisonnées de vinaigrette, 8 boulettes de fromage cottage nature, une grappe de raisins verts et 2 petites boîtes de poulpe géant à l'huile, assaisonné de jus de citron.

☛ *En salade, la mâche est croustillante comme les épinards. On trouve plusieurs espèces de mâches cultivées et dérivées de la valériane : bourcette, doucette, mâche d'Italie, mâche ronde. Comme la valériane, la mâche est considérée comme un antispasmodique diminuant les troubles épileptiques. La mâche calme l'irritabilité, les palpitations, les douleurs cardiaques, les douleurs gastriques subites, etc. Il ne faut cependant pas prendre l'habitude d'avoir recours à cette plante.*

Salade fruitée

SALADE AUX NOISETTES

4 PORTIONS

250 ml (1 tasse) de chou haché finement

250 ml (1 tasse) de pommes coupées en fines tranches

85 ml (1/3 de tasse) d'abricots secs hachés

125 ml (1/2 tasse) d'échalotes hachées finement

60 ml (1/4 de tasse) de noisettes en petits morceaux

4 pruneaux mous hachés gros

15 ml (1 c. à soupe) de vinaigre de vin

5 ml (1 c. à thé) de coquelicot

75 ml (5 c. à soupe) de mayonnaise

30 ml (2 c. à soupe) de fromage cheddar râpé

2,5 ml (1/2 c. à thé) de sel marin

Dans une tasse, battre à la fourchette le coquelicot avec le vinaigre, attendre 5 minutes puis filtrer.

Continuer la vinaigrette dans un bol avec la mayonnaise, le fromage et le sel.

Ajouter les légumes, les fruits et les noix, et bien mélanger

Présentation : servir sur des feuilles de laitue frisée.

☛ *Le coquelicot est un narcotique très doux pour les enfants qui souffrent de toux, de maux de ventre et d'insomnie. Il produit de bons résultats dans les pleurésies infantiles et les affections aiguës, car son action sudorifique favorise l'expectoration. Pour l'infusion ou la décoction, utiliser les pétales et les capsules.*

Salade fruitée

Salade aux noix d'acajou

6 PORTIONS

375 ml (1 1/2 tasse) de carottes râpées

750 ml (3 tasses) de céleri tranché mince

250 ml (1 tasse) de pommes coupées en fines tranches

125 ml (1/2 tasse) d'oignon haché

125 ml (1/2 tasse) de raisins secs

60 ml (1/4 de tasse) de noix d'acajou en petits morceaux

15 ml (1 c. à soupe) de jus de citron

5 ml (1 c. à thé) de capucine

60 ml (4 c. à soupe) de mayonnaise

2,5 ml (1/2 c. à thé) de sel marin

Dans une tasse, battre à la fourchette la capucine avec le jus de citron, attendre 5 minutes, puis filtrer.

Continuer la vinaigrette dans un bol avec la mayonnaise et le sel.

Ajouter les légumes, les fruits et les noix, et bien mélanger.

Présentation : servir sur des feuilles de laitue ou de capucine fraîche.

☛ *La capucine est une plante potagère et d'ornement dont on marine les boutons floraux comme des câpres et dont on consomme les feuilles et les fleurs en salade. Son action est efficace contre les troubles du pancréas et du foie.*

Salade fruitée
SALADE AUX NOIX DU BRÉSIL
3 PORTIONS

250 ml (1 tasse) de pommes de terre cuites
coupées en cubes

250 ml (1 tasse) de chou râpé

125 ml (1/2 tasse) de pruneaux mous, hachés

60 ml (1/4 de tasse) d'échalotes hachées finement

5 noix du Brésil en lamelles

30 ml (2 c. à soupe) de vinaigrette ordinaire

5 ml (1 c. à thé) de bourdaine

30 ml (2 c. à soupe) de mayonnaise

2,5 ml (1/2 c. à thé) de sel marin

Dans une tasse, battre à la fourchette la bourdaine avec la vinaigrette, attendre 5 minutes, puis filtrer.

Continuer la vinaigrette dans un bol avec la mayonnaise et le sel.

Ajouter les légumes, les fruits et les noix, et bien mélanger.

Présentation : servir sur des feuilles de laitue ou de chicorée scarole.

☛ *La bourdaine est un arbrisseau dont l'écorce, purgative, est récoltée avec la tige à la fin de mai. La tisane ou la poudre de bourdaine est à base de feuilles et de fruits ayant les mêmes propriétés.*

Salade fruitée

SALADE AUX NOIX DE GRENOBLE

4 PORTIONS

250 ml (1 tasse) de pommes rouges coupées
en fines tranches

250 ml (1 tasse) de céleri tranché mince

250 ml (1 tasse) de fenouil tranché mince

125 ml (1/2 tasse) de noix de Grenoble en petits morceaux

60 ml (1/4 de tasse) d'oignon haché

60 ml (1/4 de tasse) de lait bouillant

5 ml (1 c. à thé) de salsepareille

60 ml (4 c. à soupe) de fromage à la crème

30 ml (2 c. à soupe) de vinaigrette ordinaire

2,5 ml (1/2 c. à thé) de sel marin

Dans une tasse, battre à la fourchette la salsepareille avec le lait bouillant, attendre 3 minutes, puis filtrer.

Continuer la vinaigrette dans un bol avec le fromage, la vinaigrette et le sel.

Ajouter les légumes, les fruits et les noix, et bien mélanger

Présentation : servir sur des feuilles de laitue.

☛ *L'anis sauvage (*indian root*) ou salsepareille du sud est connue pour sa liqueur. Les racines de cette plante ont des propriétés dépuratives pour les cas de rhumatisme et de maladies de peau. On extrait l'anis pour la fabrication du sirop utilisé pour la bière de racine. L'extrait fluide remplace l'infusion.*

Salade potagère

SALADE AUX OIGNONS DOUX

1 laitue frisée lavée et déchiquetée

750 ml (3 tasses) de poisson cuit (maquereau, hareng, etc.)

375 ml (1 1/2 tasse) d'oignons blancs en pot

250 ml (1 tasse) d'échalotes hachées avec la partie verte

625 ml (2 1/2 tasses) de tomates tranchées

500 ml (2 tasses) de concombres tranchés

375 ml (1 1/2 tasse) de pieds de brocoli cuits,
coupés en lamelles

375 ml (1 1/2 tasse) de carottes cuites, coupées en cubes

375 ml (1 1/2 tasse) de radis tranchés

125 ml (1/2 tasse) de crème épaisse

60 ml (1/4 de tasse) de ketchup rouge

22,5 ml (1 1/2 c. à soupe) de moutarde préparée

5 ml (1 c. à thé) de raifort en poudre

2,5 ml (1/2 c. à thé) de sel marin

5 ml (1 c. à thé) d'assaisonnement d'herbes mélangées

Achillée mille-feuille pour la garniture

Utiliser un grand plat concave. Au gré de son inspiration, faire des couronnes de légumes autour d'un buisson de poisson.

Préparer la sauce à salade qu'on servira à part, dans une saucière.

☞ *La mille-feuille ou achillée mille-feuille est une fougère. Une pommade de saindoux et de suc frais de la plante panse avec succès les blessures, les crevasses et les tissus hémorroïdaires parce que la mille-feuille est astringente, tonique et sédative, agissant directement sur les vaisseaux et les nerfs. Elle est tonique et stomachique pour les maux d'estomac aigus et chroniques. Elle est emménagogue et stimule la circulation sanguine. Les femmes doivent y faire attention. On peut boire une infusion de mille-feuille après le repas du soir pour se tenir éveillé.*

Salade potagère
SALADE AUX OLIVES NOIRES

1 litre (4 tasses) de laitue pommée, romaine ou
de Boston déchiquetée

425 ml (1 3/4 tasse) d'œufs durs, les 6 jaunes ronds entiers

60 ml (1/4 de tasse) ou 340 g (12 oz) d'olives noires

4 tomates tranchées

6 gousses d'ail entières avec cure-dents

375 ml (1 1/2 tasse) de carottes cuites, coupées en cubes

500 ml (2 tasses) de navet cuit, coupé en cubes

375 ml (1 1/2 tasse) de poivron cru, coupé en lanières

250 ml (1 tasse) de céleri-rave cru, haché en vermicelle

170 ml (2/3 de tasse) de crème sure

85 ml (1/3 de tasse) de pâte de homard

15 ml (1 c. à soupe) de moutarde préparée

15 ml (1 c. à soupe) de jus de citron

15 ml (1 c. à soupe) de purée de tomates

75 ml (5 c. à soupe) de lait évaporé

1,25 ml (1/4 c. à thé) de sel marin

1 pincée de poivre

1 pincée de paprika

1 feuille d'olivier pour la garniture

Utiliser un grand plat concave. Au gré de son inspiration, disposer les légumes par couches superposées et garnir au sommet d'une feuille d'olivier.

Préparer la sauce à salade qu'on servira à part, dans une saucière.

☛ *La feuille d'olivier agit contre l'hypertension et l'artériosclérose. L'olivier est un remède d'appoint de l'angine de poitrine. Il est vasodilatateur en raison de l'oléoside qui détend les parois musculaires, et hépato-rénal grâce à l'acide glycolique qui purifie le sang. La décoction à boire de feuilles fraîches bouillies jusqu'à réduction d'un tiers est un traitement facile à préparer.*

Salade verte

SALADE D'OSEILLE

1 litre (4 tasses) de feuilles d'oseille coupées grossièrement

30 ml (2 c. à soupe) d'huile à salade non hydrogénée

15 ml (1 c. à soupe) de vinaigre de vin

5 ml (1 c. à thé) de fromage fondu

5 ml (1 c. à thé) de mayonnaise

5 ml (1 c. à thé) d'eau chaude

2,5 ml (1/2 c. à thé) de sel marin

Utiliser un bol à salade en bois.

Faire d'abord la vinaigrette, puis verser sur les feuilles fraîches.

Marier au goût l'oseille avec de la laitue romaine.

Suggestion de menu : déguster, dans une assiette, une portion de salade d'oseille, 170 g (6 oz) de fromage à la crème (nature, aux piments, à la relish ou aux oignons), 6 biscottes au sésame, 2 mandarines en quartiers et une boîte de 250 g (8 oz) de crevettes.

☞ *La rumex ou grande oseille a des feuilles qui ressemblent à la rhubarbe. On l'appelle rhubarbe sauvage. Ses feuilles peuvent être utilisées en pansement sur une plaie externe pour faire transpirer et suppurer sous un soleil brûlant.*

Salade fruitée

SALADE AUX PACANES

4 PORTIONS

250 ml (1 tasse) de poireaux hachés finement

250 ml (1 tasse) de carottes hachées finement

125 ml (1/2 tasse) de concombre tranché

125 ml (1/2 tasse) de dattes hachées grossièrement

60 ml (1/4 de tasse) de pacanes en petits morceaux

45 ml (3 c. à soupe) de ciboulette hachée finement

2 à 3 gousses d'ail hachées finement

185 ml (3/4 de tasse) de crème sure

1,25 ml (1/4 c. à thé) de sel marin

1 filet de jus de citron

1 pincée de poivre

Dans un bol, battre à la fourchette la crème, le jus de citron, le sel et le poivre.

Ajouter les légumes, les fruits et les noix.

Bien mélanger.

Présentation : servir sur des feuilles de bettes.

☛ *L'ail, un bactéricide très actif, était consommé autrefois pour prévenir les maladies infectieuses. Il rétablit la flore intestinale et agit comme désinfectant et antiseptique général. Il diminue la tension chez les hypertendus et l'augmente chez les hypotendus. Le soufre organique qu'il contient le rend efficace chez ceux qui sont affectés d'une faiblesse respiratoire chronique. L'ail est un vermifuge contre le ténia. Pilé, il est efficace sur les cors, les verrues et les durillons.*

Salade verte
SALADE DE PERSIL SAUVAGE

1 litre (4 tasses) de persil frais croustillant
(branches et feuilles)

35 ml (2 1/3 c. à soupe) d'huile de tournesol

15 ml (1 c. à soupe) de vinaigre de cidre de pomme

15 ml (1 c. à soupe) d'oignons blancs vinaigrés,
hachés finement

1,75 ml (1/3 c. à thé) de sel marin

1,25 ml (1/4 c. à thé) de sucre brut

1 grosse pincée de clou de girofle

1 pincée de poivre rouge

Utiliser un bol à salade en bois.

Faire d'abord la vinaigrette, puis verser sur les feuilles fraîches.

Suggestion de menu : déguster, dans une assiette, une portion de salade de persil sauvage, 4 moitiés de pêches dénoyautées, une boîte de 170 g (6 oz) de thon émietté assaisonné de citron, 180 ml (6 oz) de yogourt nature et 3 biscuits Graham.

☛ *Le persil cultivé est riche en chlorophylle. Sa racine
est plus active que le fenouil pour l'hydropisie,
l'engorgement des viscères abdominaux et la jaunisse.
Son suc frais dans du lait chaud est un expectorant
qu'on administre trois fois par jour. Grâce à son
composant, l'apiol, un œstrogène naturel, le persil
exerce une forte action sur les organes et régularise
les fonctions menstruelles. Additionné d'eau de pluie,
il est indiqué pour les taches de rousseur.*

Salade verte

SALADE DE PISSENLITS

1,25 litre (5 tasses) de pissenlits lavés,
égouttés et coupés grossièrement

40 ml (2 2/3 c. à soupe) d'huile de soya (ou autre)

20 ml (1 1/3 c. à soupe) de vinaigre de vin rouge

20 ml (1 1/3 c. à soupe) de ketchup rouge

5 ml (1 c. à thé) de sauce soya

5 ml (1 c. à thé) d'eau froide

2,5 ml (1/2 c. à thé) de sel marin

Utiliser un bol à salade en bois.

Faire d'abord la vinaigrette, puis verser sur les feuilles fraîches.

Suggestion de menu : déguster, dans une assiette, une portion de salade de pissenlits, des galettes de blé entier frottées avec une gousse d'ail, 180 ml (6 oz) de fromage cottage nature, un œuf pilé, 250 ml (8 oz) de morceaux d'ananas frais ou en boîte et un avocat coupé en lamelles, assaisonné de vinaigrette.

☛ *Le pissenlit et la dent-de-lion sont des plantes très*
semblables, l'une est plus dentelée que l'autre. Marinés
comme des câpres, leurs boutons floraux sont
délicieux. On mange le pissenlit au printemps pour ses
propriétés dépuratives et pour son magnésium.
Il accroît la sécrétion biliaire en provoquant des
contractions de la vésicule. Il décongestionne le foie et
soulage la fatigue, les petits boutons, la mauvaise
digestion, les maladies cutanées, l'eczéma et l'arthrite.
On l'ajoute, séché en poudre, au café.

Salade santé
SALADE DE PISSENLITS ET DE CAROTTES

250 ml (1 tasse) de raves ou de feuilles de radis

500 ml (2 tasses) de bettes hachées grossièrement

500 ml (2 tasses) de pissenlits à feuilles courtes
et dentelées, déchiquetées

500 ml (2 tasses) de carottes râpées

1 petit oignon haché

125 ml (1/2 tasse) de persil frais haché

10 racines de chardons pulvérisées au malaxeur
avec un morceau d'écorce de citron
(ou les feuilles tendres des jeunes pousses)

20 feuilles de romarin

2 tomates coupées en morceaux

45 ml (3 c. à soupe) d'huile d'olive

5 ml (1 c. à thé) de sel marin

5 ml (1 c. à thé) de jus de citron

Faire la salade à sa manière.

Ne pas attendre pour la consommer.

☛ *Le chardon est hémostatique et toni-vasculaire pour les hypotendus. Il prévient le mal de mer. Tonique dans l'anémie et fébrifuge dans les fièvres éruptives, il a autant de vertus que le quinquina. Sa substance amère est apéritive, détersive (ulcères et affections pulmonaires) et vomitive à fortes doses.*

Salade santé

SALADE DE PISSENLITS ET DE LAITUE

1 litre (4 tasses) de pissenlits à larges feuilles, hachées (sans les tiges laiteuses)

750 ml (3 tasses) de laitue chinoise déchiquetée

185 ml (3/4 de tasse) de jeunes feuilles de bourrache, de séneçon doré ou de moutarde

375 ml (1 1/2 tasse) de poivron coupé en lanières

250 ml (1 tasse) de radis tranchés en lamelles

125 ml (1/2 tasse) de feuilles de basilic sucré

60 ml (1/4 de tasse) de feuilles de sauge hachées finement

30 ml (2 c. à soupe) d'huile d'olive

10 ml (2 c. à thé) de vinaigre de cidre de pomme

5 ml (1 c. à thé) de sel marin

2,5 ml (1/2 c. à thé) de moutarde en poudre

Faire la salade à sa manière.

Ne pas attendre pour la consommer.

☛ *En tisane, la bourrache fait transpirer et fonctionner les reins. Elle combat l'œdème dans les néphrites aiguës et agit en douceur dans les spasmes et les irritations des reins et de la vessie. En infusion concentrée et très chaude, elle décongestionne les voies respiratoires.*

Salade potagère
SALADE AUX POMMES DE TERRE NOUVELLES

1 litre (4 tasses) de laitue chinoise déchiquetée

375 ml (1 1/2 tasse) de pois verts en conserve, égouttés

500 ml (2 tasses) de haricots jaunes ou verts, cuits

250 ml (1 tasse) d'oignons hachés

375 ml (1 1/2 tasse) de chou cru haché finement

250 ml (1 tasse) de carottes crues et râpées (ou cuites)

500 ml (2 tasses) de jambon cuit, émietté ou en tranches

16 petites pommes de terre cuites

12 quartiers de tomates

250 ml (1 tasse) de persil frais haché

85 ml (1/3 de tasse) de sauce au fromage bleu préparée

85 ml (1/3 de tasse) de crème épaisse

30 ml (2 c. à soupe) de moutarde préparée

1,25 ml (1/4 c. à thé) de sel marin

1,25 ml (1/4 c. à thé) de poudre de cari

1 bonne pincée de romarin

Utiliser un grand plat concave. Au gré de son inspiration, faire un jardin de légumes mélangés et de jambon avec des rosaces de tomates, de pommes de terre et de persil.

Préparer la sauce à salade qu'on servira à part, dans une saucière.

☞ *Le romarin officinal est une plante bactéricide macérée dans le vinaigre qui était utilisée autrefois durant les épidémies. Le romarin est efficace contre les troubles dus à un mauvais fonctionnement du foie. Il agit sur la sécrétion biliaire. En infusion, il est tonique pour les maladies chroniques du foie, les migraines et les palpitations. Le shampooing et le savon au romarin sont désinfectants. Autres plantes efficaces contre les migraines, les céphalées, la fatigue et les maladies de peau : angélique, bardane, carline, camomille romaine, chélidoine, chicorée, chiendent, petite centaurée, cresson, genêt, oignon, hysope, matricaire, ményanthe, ortie, pensée sauvage, plantain, potentille, raifort, reine-des-prés, renouée bistorte, souci, thym, tussilage.*

Salade fruitée
SALADE AUX PISTACHES
4 PORTIONS

375 ml (1 1/2 tasse) d'endives tranchées
250 ml (1 tasse) de radis coupés en fines lamelles
250 ml (1 tasse) de pommes coupées en fines tranches
125 ml (1/2 tasse) de figues hachées grossièrement
60 ml (1/4 de tasse) de pistaches hachées ou d'arachides non salées écrasées
10 ml (2 c. à thé) de raifort haché très fin
150 ml (5/8 de tasse) de crème sure
3,75 ml (3/4 c. à thé) de sel marin
1,25 ml (1/4 c. à thé) de macis en poudre
1 pincée de poivre

Dans un bol, battre à la fourchette la crème, le macis, le sel et le poivre.

Ajouter les légumes, les fruits et les noix.

Bien mélanger.

Présentation : servir sur des feuilles d'endives.

☛ *Le macis n'est pas une noix, mais l'écorce de la noix de muscade, qui est aussi grosse qu'une bille et trop piquante à manger. Il est stomachique et carminatif. L'essence de muscade a une saveur âcre et brûlante.*

Salade verte

SALADE DE FEUILLES DE RAVE

1 litre (4 tasses) de feuilles de rave lavées, égouttées et coupées grossièrement (avec les tiges hachées)

45 ml (3 c. à soupe) d'huile à salade non hydrogénée

30 ml (2 c. à soupe) de vinaigre de cidre de pomme

2,5 ml (1/2 c. à thé) de sel de céleri

1,25 ml (1/4 c. à thé) de sauce soya

1,25 ml (1/4 c. à thé) de sel marin

1 pointe de couteau de moutarde préparée

1 bonne pincée de quatre-épices

Utiliser un bol à salade en bois.

Faire d'abord la vinaigrette, puis verser sur les feuilles fraîches.

Suggestion de menu : déguster, dans une assiette, une portion de salade de feuilles de rave, 1/2 casseau de bleuets (myrtilles), 170 g (6 oz) de crème sure, 12 bouchées chaudes de poisson assaisonnées de vinaigrette et 4 torsades de fécule grillées.

Salade verte
SALADE DE SOUCIS

1 litre (4 tasses) de jeunes pousses de souci, lavées, défaites en feuilles
30 ml (2 c. à soupe) d'huile d'olive
20 ml (1 1/3 c. à soupe) de vinaigre de vin rouge
15 ml (1 c. à soupe) de cornichons hachés finement
15 ml (1 c. à soupe) de câpres écrasées
10 ml (2 c. à thé) de mayonnaise
2,5 ml (1/2 c. à thé) de sucre brut
1,75 ml (1/3 c. à thé) de sel marin

Utiliser un bol à salade en bois.

Faire d'abord la vinaigrette, puis verser sur les feuilles fraîches.

Suggestion de menu : déguster, dans une assiette, une portion de salade de soucis, 250 g (8 oz) de fromage cottage nature et de beurre d'arachide avec 8 biscuits soda salés, 1/2 casseau de groseilles ou de gadelles et 6 pommettes rouges à la cannelle.

☛ *Les boutons (confits) de souci, de souci d'eau et de souci des champs sont appréciés avec les jeunes pousses en salade, au printemps. La plante atténue la douleur des règles et fait transpirer dans les cas de grippe et de bronchite. Son onguent est cicatrisant. Son action est anti-inflammatoire lorsqu'on l'applique sur les yeux dans les cas d'ophtalmie chronique. Macéré dans le vinaigre, le souci dissout les verrues. On l'emploie comme succédané du safran.*

Salade potagère

SALADE AUX PETITES TOMATES ROUGES

500 ml (2 tasses) de laitue pommée déchiquetée

750 ml (3 tasses) d'épinards crus, déchiquetés

500 ml (2 tasses) de thon ou de saumon en morceaux

750 ml (3 tasses) de petites tomates rouges

250 ml (1 tasse) de ciboulette hachée

375 ml (1 1/2 tasse) de chou tranché mince

250 ml (1 tasse) de poireaux crus, tranchés mince

375 ml (1 1/2 tasse) de panais cuits, coupés en cubes

250 ml (1 tasse) de chou-fleur cuit, coupé en lamelles

375 ml (1 1/2 tasse) de carottes cuites, coupées en bâtons

125 ml (1/2 tasse) de mayonnaise

85 ml (1/3 de tasse) de ketchup

30 ml (2 c. à soupe) de crème épaisse

15 ml (1 c. à soupe) de jus de citron

2,5 ml (1/2 c. à thé) de sel marin

1 grosse pincée d'origan

1 pincée de poivre

Utiliser un grand plat concave. Au gré de son inspiration, faire des haies de légumes sur la longueur du plat et remplir les fossés de tomates.

☛ *L'origan ou marjolaine sauvage a des propriétés chimiques semblables à celles du thym. Excitant, tonique, antispasmodique et stomachique, il est utile pour l'aérophagie et les fermentations intestinales, ainsi que pour les toux violentes et quinteuses. Il favorise l'expectoration. Son suc frais appliqué sur les caries dentaires apaise la douleur. Les gargarismes et les bains sont tonifiants.*

Annexe :
Savoir apprêter des entrées croustillantes

L'aspic

Aspic protéiné à base de gélatine, servi sur des feuilles de légumes verts et enjolivé de persil.

– avec un œuf dans de la gelée de veau
– avec du poisson dans de la gelée avec des câpres
– avec de la volaille dans de la gelée avec des champignons
– avec des légumes dans de la gelée avec des pétoncles
– avec du jus de légumes et des olives farcies tranchées

Les bonnets de légumes

Légumes crus ou cuits mélangés avec de la crème et assaisonnés.

– asperges
– brocoli
– céleri
– chou-fleur
– choux de Bruxelles
– chou-rave
– concombres
– haricots
– poireaux
– pois verts
– radis
– radis noirs

Les crudités-cocktail

Légumes crus servis dans un grand plat avec une sauce cocktail.

– céleri en branches ou cœurs de céleri
– concombres en moitiés, sur la longueur
– échalotes
– fenouil en branche
– radis découpés en roses
– petites tomates à confiture

Les dames-reines

Légumes crus farcis et servis sur des feuilles vertes (bette, chicorée, chicorée scarole, chou, cresson, endive, épinards, laitue chinoise, pissenlits).

– avocats farcis
– céleri farci
– concombres farcis
– radis farcis
– tomates farcies

Les eaux-rives

Produits vivants de la mer, de l'eau douce et des sous-bois (poisson fumé, crustacés, mollusques, coquillages, œufs de poisson) servis avec de la laitue, des quartiers de citron, de la mayonnaise aux œufs, etc.

– anchois à l'huile
– crevettes avec mayonnaise tomate
– escargots à l'ail
– cuisses de grenouilles marinées
– moitié de homard, de crabe ou de langouste
– huîtres nature avec citron
– maquereau au vin blanc
– moules à la vinaigrette
– œufs de poisson avec rôties
– sardines fumées ou marinées
– saumon fumé

Les gelées-filtres

Les consommés sont servis avec des croûtons de pain rôtis à l'ail et la soupe froide filtrée, en gelée, est servie avec des biscottes.

– base de bouillon d'agneau
– base de bouillon de bœuf
– base de bouillon de poisson
– base de bouillon de poulet
– base de bouillon de veau

Les gras-garais

Pâtés ou pièces de charcuterie servis avec des légumes crus hachés en salade avec de la vinaigrette et des feuilles de légumes verts.

– pâté de foie, de lapin, d'oie
– fromage de tête
– jambon fumé
– viande séchée des Grisons
– cretons
– gelée de veau en morceaux
– pain de viande
– pain de poisson
– chou vert, rouge
– carotte
– betterave
– panais
– oignon
– concombre
– céleri
– radis

Les hybrides

Hors-d'œuvre traditionnels, composés de céleri en branche, d'olives vertes et noires, de bâtonnets de carotte ou d'autres crudités.

– bâtonnets de betterave tendre
– bâtonnets de céleri-rave

– bâtonnets de chou-rave
– bâtonnets de courgette
– bâtonnets de fenouil
– bâtonnets de navet, de rabiole
– bâtonnets de panais
– bâtonnets de pomme de terre sucrée
– bâtonnets de radis noir
– bâtonnets de topinambour
– échalotes
– radis

Les îlots

Canapés substantiels servis sur des feuilles de laitue : rôties beurrées coupées en moitiés et garnies d'un mélange de mayonnaise et de restes de table (fromage, viande, poivron, oignon).

– jambon cuit haché broyé au moulin
– légumes pilés avec fromage fondu
– mollusques cuits hachés finement
– œufs durs pilés avec fromage cottage nature
– saumon cuit pilé avec fromage cottage nature
– volaille cuite hachée, broyée au moulin

Les juteux

Fruits apéritifs bien mûrs garnis de fromage blanc amolli avec du lait ou du sucre et garnis d'une cerise.

– tranches épaisses d'ananas
– tranches de melon
– moitiés de pamplemousse
– morceaux de papaye

Les kaléidoscopes

Légumes cuits, marinés et servis dans un grand plat compartimenté avec d'autres légumes crus de saison.

– cœurs d'artichauts
– betteraves
– céleri

– chou vert
– chou-fleur
– conques, coquillages
– cornichons
– cornichons tranchés
– haricots
– œufs durs
– piments
– poireaux
– poivrons
– rhubarbe

Les légumes-village

Légumes cuits à l'étuvée et servis sur une feuille de laitue avec une vinaigrette.

– cœurs d'artichauts
– asperges
– aubergine ferme
– cœurs de palmier
– poireaux tranchés
– salsifis

INDEX

Abcès, 29

Âche, 69, 77

Achillée, 77, 93

Acidité, 27

Acné, 29

Aérophagie, 34, 57, 107

Aigremoine, 16, 77

Ail, 44, 77, 81, 97
   – voir aussi Échalote

Alfafa, voir Luzerne

Alléluia, voir Surette

Alliaire, 69

Aménorrhée, 83

Amygdalite, 47

Anchois
   – Tomates naines farcies aux, 63

Anémie, 18, 76, 100

Anémone, 73, 81

Aneth
   – Chou vert à l', 31

Angélique, 45, 69, 103

Angine, 95

Angoisse, 18

Anis, 31, 32, 46, 81, 91

Antibiotique, 29

Antiseptique, 44, 82, 83, 97

Antispasmodique, 30, 42, 62, 75, 87, 107

Anthrax, 29

Anxiété, 18

Apathie, 18

Appétit, 19, 55, 83

Armoise, 18, 19, 73, 83

Arnica, 13

Artériosclérose, 37, 95

Arthrite, 99

Artichaut
   – à la crème mayonnaise, 14
   – farcis, 13
   – piquants, 15

Articulations, 30

Asperges
   – à la crème aigremoine, 16
   – au vinaigre, 46
   – Salade d'avocat aux châtaignes, 65

Asthme, 47, 58, 67, 69

Atonie, 31, 46

Aubépine, 18, 81

Aunée, 18

Avocat
   – farcis au crabe, 17
   – Salade d', aux châtaignes, 65

Badiane, voir Anis

Ballote, 81

115

Bardane, 29, 80, 103

Basilic sucré, 18
– Betteraves au, 18

Baume, 20

Benoîte, 18

Berce, 73

Berle douce, 45, 80

Bettes
– Salade de, 68
– Salade de, et de chou-rave, 69
– Salade de pissenlits et de carottes, 100

Betteraves
– au basilic sucré, 18
– farcies aux oignons, 19
– rondes marinées, 20
– Salade aux petites, 66

Bouillon-blanc, 45, 58, 77

Bourcette, 87

Bourdaine, 90

Bourrache, 69, 101

Bourse-à-pasteur, 43, 73

Brocoli
– à la crème, 21
– Chou-fleur au fenouil, 34

Bronchite, 58, 82, 106

Brûlure, 38, 53

Bruyère, 80

Calament, 63

Camomille, 73, 80, 103

Capucine, 89

Cardamine, 76

Cardamome, 28

Cari, 17, 35

Carline, 103

Carottes
– aux échalotes, 22
– chou et raifort râpés au vinaigre, 29

– Salade d'eucalyptus et de noix de Grenoble, 82
– Salade de pissenlits et de carottes, 100

Carvi, 31, 32, 57, 73, 81

Céleri
– à la crème paprika, 23
– Chou vert au cumin, 32
– des marais, 80
– farci au fromage à la crème, 24
– Graines de, 54
– Pieds de céleri farcis au jambon, 25
– Piments, poivrons et, mélangés, 52
– Salade aux noix d'acajou, 89
– Salade aux noix de Grenoble, 91

Céleri-rave
– à la menthe, 26

Cellulite, 21

Centaurée, 103

Cerfeuil, 39, 69

Champignons
– aux fines herbes, 27
– des quatre-voleurs, 28

Chardon, 69, 100

Châtaignes
– Salade d'avocat aux châtaignes, 65

Chélidoine, 77, 103

Cheveux, 55

Chicorée, 103
– Salade de, 70
– Salade de, et de laitue frisée, 71
– Salade de, et d'oseille, 72
– Salade de cresson et de persil, 77

Chicorée scarole
– Salade de, 73

Chiendent, 77, 103

Chili (poudre), 52

Chlorophylle, 7, 83, 98

Cholestérol, 7, 65

Chou, 18
 – Carottes et raifort râpés au vinaigre, 29
 – rouge aux pommes, 30
 – Salade de bettes et de chou, 69
 – Salade de chou marin, 74
 – Salade aux noisettes, 88
 – Salade aux noix d'acajou
 – Salade aux noix du Brésil, 90
 – vert à l'aneth, 31
 – vert et céleri au cumin, 32

Chou-fleur
 – à la crème, 33
 – et brocoli au fenouil, 34

Chou-rave
 – à la crème cari, 35
 – Salade de bettes et de, 69

Choux de Bruxelles,
 – à la crème, 36
 – Salade aux, 75

Chouette, 76

Chutney, 24

Ciboulette
 – Fenouil à la ciboule, 44

Coliques, 46, 57

Concombres
 – à la crème sure, 37
 – à la moutarde, 38
 – cornichons aigres-doux, 40
 – farcis aux jaunes d'oeufs, 39
 – piments et, mélangés, 50

Consoude, 69, 77

Convulsions, 30

Coquelicot, 88

Coqueluche, 21

Coriandre, 41, 45, 73

Cornichons
 – aigres-doux, 40

Courge
 – Spaghetti de courge à la coriandre, 41

Courgette
 – aux épices à la crème fraîche 42

Crabe
 – Avocats farcis au, 17

Crampes, 26

Cresson, 18, 103
 – Salade de, 76
 – Salade de persil et chicorée, 76

Cryptoténie du Canada, 39

Cumin, 31, 32

Curcuma, 17

Dents, 45, 107

Dents-de-lion, voir Pissenlit

Diabète, 29, 82
 – voir aussi Insuline

Diurétique, 7, 34, 36, 80

Doradille, 80

Doucette, 87

Échalotes, 22

Eczéma, 29, 64

Églantier, 81

Endives
 – farcies au poulet en crème, 43
 – Salade d', 78
 – Salade aux pistaches, 104

Enflures, 21

Engelures, 54

Épervière piloselle, 69, 80

Épices du Yucatan, 61

Épilepsie, 87

Épilobes, 79

Épinards
 – Salade d', 79
 – Salade d', et d'endives, 80
 – Salade d', et d'oseille, 81

Éruptions cutanées, 39, 49, 69, 91, 99, 103

Estragon, 19

Eucalyptus, 82

Expectorant, 98

Fatigue, 18, 39, 69, 99, 103

Fenouil, 31, 34, 45, 57, 77
 – à la ciboule, 44
 – Salade aux noix de
  Grenoble, 91

Fer, 7, 76

Fièvre, 83, 100

Flatuosités, 31

Foie, 16, 22, 27, 31, 77, 89, 98,
 99, 103

Fougère, 72, 93

Fromage
 – Radis à la crème bleue, 56
 – Radis au fromage fondu à
  l'ail, 58

Fractures, 37

Gaillet, 73

Galanga, 25

Gencives, 34, 43

Genêt, 69, 77, 103

Gentiane, 18

Globules
 – blancs, 14
 – rouges, 7

Gorge, 16, 26, 39

Grippe, 36, 82, 106

Haricots
 – coupés à la crème sarriette,
  45
 – jaunes au vinaigre, 46
 – verts au vinaigre, 46

Hémorragies, 43, 81

Hémorroïdes, 93

Herbe d'amour, voir Surette

Herbe aux engelures,
 voir Jusquiame

Herbe de la Saint-Jean, 53

Hoquet, 31, 63

Hormones, 73, 98

Houblon, 49

Hypertension, 22, 95, 97

Hysope, 47, 103

Hystérie, 30

Inflammations, 30

Insomnie, 88

Insuffisance
 – biliaire, 16
 – hépatique, 26, 80

Insuline, 7, 14

Intoxications, 7, 29

Irritabilité, 87

Jaunisse, 16

Jusquiame, 42

Laitue
 – Salade de chicorée et de
  laitue frisée, 71
 – Salade de laitue chinoise, 84
 – Salade de laitue frisée, 85
 – Salade de laitue pommée, 86
 – Salade de pissenlits et de
  laitue, 101

Laurier, 75

Lavande, 64, 81

Laxatif, 34, 59

Lierre, 21, 69

Lithiase biliaire, 16

Livèche, 73

Luzerne, 27

Mâche, 80, 87

Macis, 104

Mangue, 24

Marjolaine, 62, 107

Marrube, 69, 81

Matricaire, 73, 103

Mauve, 80

Mélilot, 60

Mélisse, 81

Menthe, 56, 73, 81
– poivrée, 26
– Salade de menthe, 87
– voir aussi Baume

Ménopause, 73

Ményanthe, 103

Migraine, 26, 30, 103

Mille-feuille, 93

Millepertuis, 53

Moutarde, 54, 73, 77
– voir aussi Sénevé

Navet
– à l'hysope, 47
– Salade aux amandes, 64
– Salade aux noisettes, 88
– Salade aux noix d'acajou, 89
– Salade aux noix du Brésil, 90

Neurasthénie, 30

Noix
– de muscade, 104
– Salade aux amandes, 64
– Salade d'eucalyptus et de noix de Grenoble, 82
– Salade aux noisettes, 88
– Salade aux noix d'acajou, 89
– Salade aux noix du Brésil, 90
– Salade aux noix de Grenoble, 91
– Salade aux pacanes, 97
– Salade aux pistaches, 104

Oedème, 36, 101

Oignon, 81, 103
– Betteraves farcies aux, 19
– Petits oignons doux amers, 48
– Salade aux oignons doux, 92

Olives
– Salade aux olives noires, 94

Oreilles, 57

Origan, 69, 73, 107

Orpin, 71

Ortie, 18, 73, 81, 103

Oseille, 72
– Salade d'épinards et d', 81
– Salade d', 96

Oxalis sensitiva, voir Surette

Pain d'amour, voir Surette

Paprika, 23

Patates
– sucrées à la crème vinaigrette, 49

Pavot, 15

Pensée, 103

Persicaire, 52

Persil, 81
– Salade de cresson et chicorée, 77
– Tomates au, 61
– Salade de persil sauvage, 98

Pervenche, 14

Piment, 35, 52
– et concombres mélangés, 50
– poivrons et céleri mélangés, 52

Pimprenelle, 72

Pissenlit, 69, 77
– Salade de pissenlits, 99
– Salade de pissenlits et de carottes, 100
– Salade de pissenlits et de laitue, 101

Plantain, 103

Pleurésie, 88

Poireaux
– à la crème, 53
– confits à la moutarde, 54

Poisson
– Poivrons farcis au, 55
– Tomates farcies au saumon, 62

Poivron
– Piments, et céleri mélangés, 52

– farcis au poisson, 55
– Salade aux amandes, 64

Poivre, 51

Polypode, 77

Polypes, 76

Pommes
– Chou rouge aux, 30
– Salade aux noisettes, 88
– Salade aux noix d'acajou
– Salade aux noix de
Grenoble, 91
– Salade aux pistaches, 104

Pomme de terre
– Salade aux noix du Brésil, 90

Potentille, 69, 77, 103

Poulet
– Endives farcies au poulet en
crème, 43

Prêle, 37, 73, 80

Primevère, 69

Pulsatille, 81

Radis
– à la crème bleue, 56
– au carvi, 57
– au fromage fondu à l'ail, 58
– Salade aux pistaches, 104

Raifort, 18, 73, 80, 103
– Chou et carottes râpés au
vinaigre, 29

Raves (feuilles de)
– Salade de pissenlits et de
carottes, 100
– Salade de, 105

Reine-des-prés, 36, 73, 103

Renouée, 103

Rhubarbe, 59

Rhumatismes, 19, 21, 29, 36, 82,
91

Rhume, 18, 76

Rides, 38, 77

Romarin, 103

Rumex, 96

Safran des Indes, voir Curcuma

Salades complètes
– aux petites betteraves, 66
– aux choux de Bruxelles, 75
– d'épinards et d'endives, 80
– d'épinards et d'oseille, 81
– d'eucalyptus et de noix de
Grenoble, 82
– aux herbes, 83
– aux noisettes, 88
– aux noix d'acajou, 89
– aux oignons doux, 92
– aux olives noires, 94
– aux pacanes, 97
– aux pommes de terre
nouvelles, 102
– aux petites tomates rouges,
107

Salsepareille, 91

Salsifis
– à la crème mélilot, 60

Saignements, 37, 43

Sarriette, 45, 73

Sauge, 18, 67, 73, 81

Séborrhée, 29

Sénevé, 40

Sommeil, 58, 65

Somnolence, 14

Souci, 103
– Salade de, 106

Spasmes, 46, 101

Surette, 33

Système
– cardiovasculaire, 22, 31, 47,
65, 77, 87, 93, 95, 100, 103
– cérébro-spinal, 30
– digestif, 16, 22, 26, 58, 67,
72, 77, 97, 99, 107
– nerveux, 27, 30, 31, 42, 47,
67, 93
– neuromusculaire, 46
– respiratoire, 47, 58, 64, 69,
97, 101
– urinaire, 37, 80, 101

Taches de rousseur, 26, 98

Thé des bois, voir Aigremoine

Thym, 18, 55, 103, 107

Thyroïde, 7

Tilleul, 56

Tomates
  – au persil, 61
  – farcies aux anchois, 63
  – farcies au saumon, 62
  – Salade aux amandes, 64

Toux, 21, 26, 55, 75, 82, 88, 107

Tremblements, 26

Transpiration, 7, 67, 96, 101

Tuberculose, 37, 76

Tussilage, 103

Ulcères, 30

Valériane, 30, 81

Vertiges, 26

Verveine, 56

Vessie, 37

Vitamine
  – A, 76
  – C, 23, 76
  – D, 7
  – K, 7

Vomissements, 26, 31

Yeux, 47, 60, 65, 106

- Cap-Saint-Ignace
- Sainte-Marie (Beauce)
Québec, Canada
1997